© Verlag Zabert Sandmann
München
1. Auflage 2009
ISBN 978-3-89883-251-9

Grafische Gestaltung	Georg Feigl, Jürgen Endriß (Netzwerk GbR)
Rezeptfotos	Susie Eising
Foodstyling	Monika Schuster
Porträtfotos	Alexander Haselhoff S. 7, Jana Liebenstein S. 6
Rezeptbearbeitung	Monika Reiter, Gerlinde Reiter
Redaktion	Alexandra Schlinz, Martina Solter, Kathrin Ullerich
Herstellung	Karin Mayer, Peter Karg-Cordes
Lithografie	Christine Rühmer
Druck & Bindung	Mohn media Mohndruck GmbH, Gütersloh

 Beim Druck dieses Buchs wurde durch den innovativen Einsatz der Kraft-Wärme-Kopplung im Vergleich zum herkömmlichen Energieeinsatz bis zu 52 % weniger CO_2 emittiert.   *Dr. Schorb, ifeu.Institut*

In Zusammenarbeit mit dem Bayerischen Fernsehen
mit Lizenz durch die BRW-Service GmbH

Besuchen Sie uns auch im Internet unter www.zsverlag.de

ALFONS SCHUHBECK

MEINE DEUTSCHE KÜCHE

ZABERT
SANDMANN

Klassiker mit neuer Klasse

Deutschland ist ein Paradies für Feinschmecker. Vor unserer Haustür liegen zwei Meere und die Bergwelt der Alpen, weitläufige Mittelgebirge mit herrlichen Wäldern, fischreiche Seen, Flüsse und weltberühmte Weingegenden. Unsere Heimat hat Charme, auch weil ihre Kulturlandschaften so überraschend vielseitig sind und weil sie eine Küche hervorgebracht hat, die den ursprünglichen, bodenständigen Reiz ihrer Regionen betont.

Es hat sich herumgesprochen, dass die Leibgerichte der Deutschen nicht nur aus Bratkartoffeln, Bratwurst und Bier bestehen. Als Koch habe ich immer mein Herz daran gehängt, aus der kulinarischen Tradition meiner bayerischen Heimat das Beste herauszuholen. Immer noch entdecke ich Neues, gerade weil der Reichtum an Rezepten und Spezialitäten so ungeheuer groß ist. Und dies gilt nicht nur für Bayern, sondern auch für die regionalen Küchen in den anderen Landstrichen Deutschlands.

Auf meiner kulinarischen Reise durch Deutschland habe ich viele alte Bekannte wiedergetroffen. Klassiker, die den Speisezettel unserer Eltern und Großeltern bereichert haben und die zu Unrecht ein wenig in Vergessenheit geraten sind. Dabei ist es ganz einfach, die traditionellen Köstlichkeiten wieder in neuem, frischem Gewand zu präsentieren: Es ist erstaunlich, wie raffiniert Eisbein schmeckt, wenn man das magere Fleisch dünn aufgeschnitten als Carpaccio mit einer Tomaten-Oliven-Marinade serviert. Oder wie elegant Krautwickerl daherkommen, wenn man sie mit Saibling füllt, und wie edel Pfälzer Saumagen wirkt, wenn er von einer erfrischenden Zitronensauce begleitet wird.

Es macht mir Freude, auf Wochenmärkten und im persönlichen Kontakt mit heimischen Erzeugern den Reichtum unserer lokalen Spezialitäten kennenzulernen. Traditionell gewachsene Produkte, die die Eigenständigkeit der deutschen Kulturlandschaften betonen. Wussten Sie, dass an unserer Nordseeküste Austern wachsen, dass Thüringen der Kräutergarten Deutschlands ist und dass aus Franken delikate Karpfen kommen? Und hätten Sie gedacht, dass die beliebte Berliner Currywurst wunderbar raffiniert schmeckt, wenn man das Ketchup und die Pommes frites dazu aus heimischen Tomaten und Kartoffeln selbst macht?

Fantasie und die Lust am Experimentieren vertragen sich bestens mit der Tradition der deutschen Küche. Deshalb habe ich die Rezepte für dieses Buch unter das Motto gestellt: originale Klassiker, originell interpretiert. Nur bei den Zutaten mache ich wie immer keine Kompromisse: Frische, hochwertige Lebensmittel aus heimischem Anbau sind für mich erste Wahl. Ohne sie ist das ABC der neuen deutschen Küche nicht zu buchstabieren. Probieren Sie es aus: Von A wie »Aalsuppe« bis Z wie »Zweierlei vom Salzwiesenlamm« – Schmankerl aus Deutschland sind ein Stück Heimat, das durch den Magen geht.

Viel Spaß beim Nachkochen wünscht

Ihr Alfons Schuhbeck

Vorspeisen & kleine Gerichte

Buletten
mit Kohlrabigemüse

Zutaten für 4 Personen
Für die Buletten:
80 g Toastbrot · 100 ml Milch
1/2 Zwiebel · 1 EL Öl
je 250 g Rinder- und
Schweinehackfleisch
2 Eier · 2 TL scharfer Senf
1 EL Petersilie
(frisch geschnitten)
getrockneter Thüringer Majoran
frisch geriebene Muskatnuss
abgeriebene unbehandelte
Schale von 1/2 Zitrone
Salz · Pfeffer aus der Mühle
Öl zum Braten

Für das Kohlrabigemüse:
2 große Kohlrabi
100 ml Gemüsebrühe
2 Stiele Petersilie
2 EL Butter · Chilisalz
frisch geriebene Muskatnuss

1 Für die Buletten das Toastbrot in Würfel schneiden und in der Milch einweichen. Die Zwiebelhälfte schälen und in feine Würfel schneiden. Das Öl in einer Pfanne erhitzen und die Zwiebelwürfel darin bei milder Hitze glasig dünsten.

2 Beide Hackfleischsorten in einer Schüssel mit dem eingeweichten Brot, den Eiern, den Zwiebelwürfeln, dem Senf, der Petersilie, 1 Prise Majoran, etwas Muskatnuss und der Zitronenschale mit den Händen gut mischen und mit Salz und Pfeffer würzen.

3 Aus der Hackfleischmasse mit angefeuchteten Händen kleine Buletten formen und in einer Pfanne im Öl bei mittlerer Hitze auf beiden Seiten goldbraun braten. Auf Küchenpapier abtropfen lassen.

4 Für das Kohlrabigemüse die Kohlrabi putzen und schälen, zuerst in dünne Scheiben und dann in Rechtecke schneiden. Das Kohlrabigrün waschen, trocken tupfen und klein schneiden.

5 Die Kohlrabi in einem Topf in der Brühe etwa 20 Minuten dünsten. Die Petersilie waschen und trocken schütteln, die Blätter abzupfen und klein schneiden. Mit dem Kohlrabigrün in die Brühe geben. Die Butter hinzufügen und das Kohlrabigemüse mit Chilisalz und Muskatnuss würzen.

6 Die Buletten mit dem Kohlrabigmüse auf vorgewärmten Tellern anrichten und nach Belieben mit Petersilie garniert servieren.

Schuhbecks Küchentipp

Besonders knusprig werden die Buletten, wenn man sie vor dem Braten in Weißbrotbröseln wendet. Um zu testen, ob die Buletten ausreichend gewürzt sind, kann man eine Bulette probeweise braten, probieren und dann entscheiden, ob noch nachgewürzt werden muss. Bleiben Buletten übrig, kann man sie auch sehr gut kalt servieren.

Reibekuchen
mit Westfälischem Schinken und Apfel-Birnen-Mus

Zutaten für 8–10 Stück
Für die Reibekuchen:
500 g vorwiegend
festkochende Kartoffeln
2 Eigelb · Salz
frisch geriebene Muskatnuss
Öl zum Braten

Für das Apfel-Birnen-Mus:
2 Äpfel (z. B. Boskop)
2 reife, feste Birnen
40 g Zucker
2 cl Calvados · 60 ml Weißwein
2 Scheiben Ingwer
1 Gewürznelke
1/2 ausgekratzte Vanilleschote
1 Zimtsplitter
1 Msp. abgeriebene unbe-
handelte Orangenschale
Chiliflocken

Außerdem:
4 Wachteleier · 1 EL Öl
1–2 TL Butter
12 Scheiben Westfälischer
Schinken

1 Für die Reibekuchen die Kartoffeln schälen, waschen, fein reiben und mit den Händen den Saft etwas ausdrücken. Die Eigelbe untermischen und die Masse mit Salz und Muskatnuss würzen.

2 Das Öl in einer Pfanne erhitzen. Etwas Kartoffelmasse in die Pfanne geben und mit einem Esslöffel zu Küchlein von 6 bis 7 cm Durchmesser verstreichen. Die Küchlein nacheinander bei milder Hitze auf beiden Seiten 4 bis 5 Minuten goldbraun braten. Die Reibekuchen auf Küchenpapier abtropfen lassen und warm halten.

3 Für das Apfel-Birnen-Mus 1 Apfel und 1 Birne waschen und halbieren, die Kerngehäuse entfernen und je eine Hälfte in schmale Spalten schneiden. Die andere Hälfte mit dem restlichen Apfel und der übrigen Birne schälen, vierteln, die Kerngehäuse entfernen und das Fruchtfleisch in 1 cm große Würfel schneiden.

4 Die Obstwürfel in einen Topf geben, den Zucker hinzufügen und das Obst bei milder Hitze andünsten. Den Calvados und den Wein dazugießen, den Ingwer, die Nelke, die Vanilleschote und den Zimt hinzufügen und das Mus zugedeckt etwa 20 Minuten köcheln lassen. Anschließend die ganzen Gewürze entfernen und das Kompott samt Garflüssigkeit mit dem Stabmixer pürieren. Die Orangenschale und 1 Prise Chiliflocken hinzufügen.

5 Die Wachteleier vorsichtig aufschlagen und in einer Pfanne im Öl bei milder Hitze zu Spiegeleiern braten.

6 Die Birnen- und Apfelspalten in einer Pfanne in der Butter bei mittlerer Hitze andünsten.

7 Die Reibekuchen mit je 3 Schinkenscheiben auf vorgewärmten Tellern anrichten. Die Apfel- und Birnenspalten daneben verteilen, je 1 Wachtelspiegelei auf die Reibekuchen setzen und das Apfel-Birnen-Mus dazu reichen.

Buchweizenpfannkuchen
mit Schinken

Zutaten für 4 Personen

¹/₄ l kalter Kaffee
¹/₈ l kalte Milch
250 g Buchweizenmehl
2 Eier · Salz
4 EL braune Butter
(siehe Tipp S. 46)
16 dünne Scheiben Westfälischer
Schinken

1 Den Kaffee mit der Milch und ¹/₈ l kaltem Wasser verrühren, das Mehl dazugeben und zu einem glatten Teig verrühren. Die Eier nacheinander untermischen, den Teig mit Salz würzen und zugedeckt 30 Minuten quellen lassen.

2 Etwas braune Butter in einer kleinen Pfanne (etwa 24 cm Durchmesser) bei mittlerer Hitze erhitzen. 2 Schinkenscheiben nebeneinander in die Pfanne geben, ein Achtel des Teigs darauf verteilen und zu einem goldbraunen Pfannkuchen backen. Den Pfannkuchen wenden und auch die zweite Seite kurz backen. Nacheinander insgesamt 8 Pfannkuchen mit Schinken backen. Die Buchweizenpfannkuchen nach Belieben mit grünem Blattsalat servieren.

Döbbekuchen
mit Räucherspeck

Zutaten für 4 Personen

1 Brötchen (vom Vortag)
2 Mettenden (ersatzweise Landjäger)
1 kg festkochende Kartoffeln
2 Eier
Salz · Pfeffer aus der Mühle
frisch geriebene Muskatnuss
mildes Chilipulver
getrockneter Liebstöckel
150 g Räucherspeck
2 EL braune Butter (siehe Tipp S. 46)

1 Den Backofen auf 220 °C vorheizen. Das Brötchen in Wasser einweichen, ausdrücken und klein schneiden. Die Mettenden in dünne Scheiben schneiden. Die Kartoffeln schälen, waschen und grob raspeln. Die Kartoffeln, die Eier, die Mettenden und das Brötchen mischen und mit Salz, Pfeffer, Muskatnuss und je 1 Prise Chilipulver und Liebstöckel kräftig würzen.

2 Den Speck in kleine Würfel schneiden. Die braune Butter in einem Schmortopf oder einer ofenfesten Form (etwa 20 x 30 cm) erhitzen und den Speck darin bei mittlerer Hitze anbraten. Die Kartoffelmasse darauf verteilen und den Döbbekuchen im Ofen auf der mittleren Schiene etwa 1 Stunde knusprig backen. Den Döbbekuchen nach Belieben mit grünem Blattsalat servieren.

Thüringer Bratwurstsalat
mit weißen Rübchen

Zutaten für 4 Personen

Für die Marinade:

80 ml Gemüsebrühe

1–2 EL Rotweinessig

1 TL scharfer Senf

Salz · Pfeffer aus der Mühle

Zucker

5 EL Olivenöl

Für den Salat:

500 g kleine festkochende Kartoffeln (z. B. Sieglinde)

Salz · ganzer Kümmel

200 g breite grüne Bohnen

250 g weiße Rübchen

je 100 g Radieschen und Gewürzgurken

2 EL Öl · Chilisalz

frisch geriebene Muskatnuss

gemahlener Kümmel

getrockneter Thüringer Majoran

4 Thüringer Rostbratwürste

1 EL Öl · 1 Stück Vanilleschote

1 Zimtsplitter · 1 Scheibe Ingwer

1 Knoblauchzehe (in Scheiben)

Petersilie zum Garnieren

1 Für die Marinade die Brühe mit dem Essig, dem Senf, Salz, Pfeffer und 1 Prise Zucker mit dem Stabmixer verrühren. Nach und nach das Olivenöl dazugeben und untermixen.

2 Für den Salat die Kartoffeln waschen und in einem Topf in kräftig gesalzenem Wasser mit dem Kümmel weich garen. Abgießen, pellen und abkühlen lassen.

3 Die Bohnen putzen, waschen und schräg in 2 cm breite Stücke schneiden. Die Rübchen putzen, schälen und in schmale Spalten schneiden. Das Gemüse nacheinander in kochendem Salzwasser blanchieren. Mit dem Schaumlöffel herausheben, kalt abschrecken und abtropfen lassen. Die Radieschen putzen, waschen und ebenso wie die Gewürzgurken in Scheiben schneiden.

4 Die Kartoffeln in 1/2 cm breite Scheiben schneiden. Das Öl in einer Pfanne erhitzen und die Kartoffelscheiben darin bei mittlerer Hitze goldbraun anbraten. Mit Chilisalz, Muskatnuss und je 1 Prise Kümmel und Majoran würzen. Die Pfanne vom Herd nehmen.

5 Die Bratwürste in 1/2 cm dicke Scheiben schneiden. Das Öl in einer Pfanne erhitzen und die Wurstscheiben darin mittlerer Hitze rundum anbraten. Dann Vanille, Zimt, Ingwer und Knoblauch dazugeben.

6 Die Bratwurstscheiben samt den Gewürzen mit den gebratenen Kartoffeln, den Bohnen, den Rübchen, den Radieschen und den Gewürzgurken mischen. Auf vorgewärmten Tellern anrichten und mit der Marinade beträufeln, die ganzen Gewürze entfernen. Den Salat mit Petersilie garniert und nach Belieben mit Brotscheiben servieren.

Schuhbecks Küchentipp

Dieser Salat sollte so frisch wie möglich gegessen werden, dann schmeckt er am besten. Statt Rotweinessig eignen sich auch andere Essigsorten wie Obst-, Apfel- oder Weißweinessig. Sie können auch Zitronensaft verwenden, sollten ihn aber etwas sparsamer dosieren – nachwürzen können Sie immer noch.

Hamburger
mit süßscharfer Sauce

Zutaten für 4 Personen

Für die süßscharfe Sauce:

1 Zwiebel · 1 EL Öl

1 Knoblauchzehe

3 Scheiben Ingwer

1 frische rote Chilischote

1 TL Tomatenmark

375 ml Gemüsebrühe

50 g Zucker

3 EL Weißweinessig

1 EL Speisestärke

Für die Hamburger:

2 Schalotten

3 eingelegte Sardellenfilets

500 g mageres Rinderhackfleisch

(z. B. aus der Oberschale)

1 TL scharfer Senf

2 Eigelb · 1–2 TL Kapern

1 EL Tomatenketchup · Salz

Pfeffer aus der Mühle · 1–2 EL Öl

Außerdem:

50 g gemischte kleine Salatblätter

1 EL Rotweinessig

1 TL scharfer Senf · Salz

Zucker · 3 EL Olivenöl

1 Für die Sauce die Zwiebel schälen und in feine Würfel schneiden. Das Öl in einem Topf erhitzen und die Zwiebel darin bei mittlerer Hitze glasig dünsten. Knoblauch und Ingwer schälen und ebenfalls in feine Würfel schneiden. Die Chilischote längs halbieren, entkernen, waschen und in kleine Würfel schneiden. Chili, Knoblauch, Ingwer und das Tomatenmark zu den Zwiebelwürfeln geben, kurz mitdünsten und die Brühe dazugießen. Den Zucker und den Essig hinzufügen und die Sauce knapp unter dem Siedepunkt etwa 10 Minuten ziehen lassen. Die Speisestärke in wenig kaltem Wasser glatt rühren und die Sauce damit sämig binden.

2 Für die Hamburger die Schalotten schälen und in feine Würfel schneiden. Kurz blanchieren, in ein Sieb abgießen, abtropfen lassen und das Wasser gut ausdrücken. Die Sardellen klein schneiden.

3 Das Rinderhackfleisch mit den Schalotten, dem Senf, den Eigelben, den Kapern, den Sardellen, 1 EL süßscharfer Sauce (die restliche Sauce passt hervorragend zu Garnelen, Fisch und Hühnchen), dem Ketchup, Salz und Pfeffer gut mischen. Aus der Masse mit angefeuchteten Händen Hamburger formen. Das Öl in einer Pfanne erhitzen und die Hamburger darin bei mittlerer Hitze auf beiden Seiten hellbraun anbraten, sie dürfen innen noch leicht rosa sein.

4 Die Salatblätter waschen und trocken schleudern. Den Essig mit Senf, Salz, Pfeffer und 1 Prise Zucker mit dem Stabmixer verrühren, nach und nach das Olivenöl dazugeben und untermixen. Die Hamburger auf Teller verteilen, die Salatblätter im Dressing wenden und die Hamburger damit garnieren.

Schuhbecks Küchentipp

Mit der Hackfleischmasse aus diesem Rezept können Sie auch Hamburger Tatar zubereiten. Dafür Alufolie zu einer 5 cm dicken Rolle formen, auf ein Backblech legen und 4 hauchdünne Graubrotscheiben darüberlegen. Im Ofen bei 140 °C etwa 4 Minuten knusprig backen. Einen Metallring (6 cm Durchmesser) auf einen Teller setzen, die rohe Hackfleischmasse darin verteilen und den Ring abziehen. Das Tatar mit Kapernäpfeln und dem Brot servieren.

Fischburger
mit Remoulade

Zutaten für 4 Personen
Für die Remoulade:
1 Ei · 1 Gewürzgurke
2 TL Kapern
1 EL frisch geschnittene Kräuter
(z. B. Schnittlauch,
Dill, Petersilie)
50 g Schmand
1 TL Dijonsenf
Chilisalz · Pfeffer aus der Mühle

Für die Fischburger:
500 g Fischfilet
(z. B. Lachs, Zander, Kabeljau;
ohne Haut und Gräten)
50 g Weißbrot
1/2 Bund Frühlingszwiebeln
1 EL scharfer Senf · 1 Ei
50 g Semmelbrösel
frisch geriebene Muskatnuss
Salz · Chilisalz · 4 EL Öl
4 Sesambrötchen · 1 EL Butter
1–2 Zweige Thymian

1 Für die Remoulade das Ei hart kochen, pellen und ebenso wie die Gewürzgurke in kleine Würfel schneiden. Die Kapern fein hacken. Den Schmand mit den Eiern, den Gurken, den Kräutern, den Kapern und dem Senf verrühren. Mit Chilisalz und Pfeffer würzen.

2 Für die Fischburger das Fischfilet waschen, trocken tupfen und wie das Weißbrot in kleine Würfel schneiden. Die Frühlingszwiebeln putzen, waschen und in Ringe schneiden. Die Fisch- und Weißbrotwürfel mit dem Senf, dem Ei, der Hälfte der Semmelbrösel, Muskatnuss, Salz und Chilisalz mischen. Aus der Fischmasse mit angefeuchteten Händen Buletten formen und diese in den restlichen Semmelbröseln wenden. In einer Pfanne das Öl erhitzen und die Fischbuletten darin bei mittlerer Hitze langsam auf beiden Seiten braten.

3 Die Sesambrötchen halbieren. Die Butter in einer Pfanne erhitzen und die Brötchen darin auf den Schnittflächen mit dem Thymian hell rösten. Die Unterseiten der Brötchen nach Belieben mit Tomaten- und Gurkenscheiben belegen, 1 EL Remoulade daraufgeben, die Fischbuletten darauflegen und mit der Brötchenoberseite abdecken. Die restliche Remoulade dazu servieren.

Schuhbecks Küchentipp

Der Schmand für die Remouladensauce kann mit etwas Sauerrahm oder Joghurt verrührt werden. Ist der Dip zu fest, rühren Sie noch etwas Gewürzgurkensud unter, das verbessert die Konsistenz und zusätzlich den Geschmack. Die Remoulade schmeckt auch sehr gut zu gebackenem und paniertem Fisch oder rosa gebratenem Roastbeef und hält sich etwa 2 Tage im Kühlschrank.

Currywurst
mit selbst gemachtem Ketchup und Pommes frites

Zutaten für 4 Personen

Für die Currywurst:

4 rote oder weiße Bratwürste

1 EL Öl

Für das Tomatenketchup:

1 Zwiebel

1 EL brauner Zucker

1 EL mildes Currypulver

1 Zimtrinde

1 getrocknete rote Chilischote

40 ml Ananassaft

100 ml Gemüsebrühe

2 EL Tomatenmark

500 g stückige Tomaten

(aus der Dose)

1 EL Weißweinessig

5 EL Olivenöl

Für die Pommes frites:

2 kg große mehlig

kochende Kartoffeln

Öl zum Frittieren

2 EL Salz · 1 TL Currypulver

1 TL Paprikapulver

1/2 TL Chiliflocken

1 Für die Currywurst die Bratwürste mit einem scharfen Messer mehrmals quer einschneiden. Das Öl in einer Pfanne erhitzen und die Bratwürste darin bei mittlerer Hitze langsam rundum braten.

2 Für das Tomatenketchup die Zwiebel schälen, in feine Würfel schneiden und in einem Topf bei mittlerer Hitze ohne Fett glasig dünsten. Den braunen Zucker hinzufügen und karamellisieren. Die Gewürze dazugeben, kurz mitdünsten und den Ananassaft dazugießen. Die Brühe, das Tomatenmark, die Tomaten und den Essig unterrühren und das Ketchup 30 bis 45 Minuten köcheln lassen. Anschließend durch ein Sieb streichen und das Olivenöl mit dem Stabmixer unterrühren.

3 Für die Pommes frites die Kartoffeln schälen, in 1 cm breite Stifte schneiden und kurz in eine Schüssel mit kaltem Wasser legen. Auf einem Küchentuch abtropfen lassen.

4 Zum Frittieren reichlich Öl in einem Topf auf 130 °C erhitzen und die Kartoffelstifte darin etwa 5 Minuten vorbacken. Mit dem Schaumlöffel herausnehmen und abtropfen lassen. Dann das Fett auf 170 bis 180 °C erhitzen und die Pommes darin knusprig ausbacken. Abtropfen lassen und warm stellen.

5 Das Salz mit Curry- und Paprikapulver sowie den Chiliflocken mischen und über die Pommes geben. Die Bratwurst mit Pommes frites und Tomatenketchup anrichten.

Schuhbecks Küchentipp

Wer gerne mit Gewürzen experimentiert, kann für dieses Rezept selbst eine Currymischung zubereiten. Dafür je etwa 1 TL gelbe Senfkörner, Kurkuma, Schwarzkümmel, Kardamom, Koriander, schwarze Pfefferkörner und 1/2 TL Kreuzkümmel im Mörser fein zerstoßen. Die Mischung am besten in einem gut verschließbaren Glas lichtgeschützt und trocken aufbewahren.

Münsterländer Tuert
mit Hackfleisch und Blattspinat

Zutaten für 4 Personen

150 g Blattspinat · Salz

80 g Toastbrot

70 ml Milch · 4 EL Sahne

1/2 kleine Zwiebel · 1 EL Öl

2 Eier · Pfeffer aus der Mühle

2 TL scharfer Senf

frisch geriebene Muskatnuss

abgeriebene unbehandelte

Schale von 1/2 Zitrone

1 Msp. abgeriebene unbe-

handelte Orangenschale

1 Knoblauchzehe

je 250 g Kalbs- und

Schweinehackfleisch

2 TL getrockneter Majoran

2 EL Petersilie (grob geschnitten)

Butter für die Form

500 g Blätterteig

(aus dem Kühlregal)

Mehl zum Ausrollen

1 Eigelb

1 Die Spinatblätter verlesen, waschen und trocken schleudern, grobe Stiele entfernen. Den Spinat in kochendem Salzwasser blanchieren, in ein Sieb abgießen, kalt abschrecken und abtropfen lassen. Mit den Händen das Wasser gut ausdrücken und den Spinat klein schneiden. Das Brot in Würfel schneiden und mit der Milch und 3 EL Sahne mischen. Die Zwiebel schälen und in feine Würfel schneiden. Das Öl in einer Pfanne erhitzen und die Zwiebel darin bei milder Hitze glasig dünsten. Die Eier mit Salz, Pfeffer, Senf, Muskatnuss, Zitronen- und Orangenschale verquirlen. Den Knoblauch schälen und in feine Würfel schneiden.

2 Beide Hackfleischsorten mit dem eingeweichten Brot, den verquirlten Eiern, dem Spinat, den Zwiebelwürfeln, Majoran, Knoblauch und Petersilie mischen.

3 Eine Springform (26 cm Durchmesser) mit Butter einfetten. Den Backofen auf 200 °C vorheizen.

4 Die Hälfte des Blätterteigs auf der bemehlten Arbeitsfläche zu einer runden Platte von etwa 35 cm Durchmesser ausrollen und die Spring-form damit auslegen. Die Hackfleischmasse hineinfüllen, glatt streichen und den überstehenden Teig nach innen schlagen. Das Eigelb mit der restlichen Sahne verrühren und den Teigrand damit bestreichen. Den übrigen Blätterteig zu einer runden Platte von 26 cm Durchmesser ausrollen und auf die Hackfleischmasse legen. Die Oberfläche mit der Ei-Sahne-Mischung bestreichen und mit einem Messerrücken oder einer Gabel nach Belieben Muster ziehen.

5 Die Fleischtorte im Ofen auf der mittleren Schiene etwa 50 Minuten goldbraun backen. Zum Servieren in Stücke schneiden.

Schuhbecks Küchentipp

Aus den Blätterteigresten lässt sich ganz einfach eine originelle Dekoration für die Fleischtorte zaubern. Dafür die Teigreste über-einanderlegen, ausrollen und beliebige Formen ausstechen. Auf den Teigdeckel legen und mit dem restlichen verquirlten Ei bestreichen.

Gesulztes Eisbein
mit Senfsahne

Zutaten für 4 Personen

Für das Eisbein:

1 Zwiebel · 1 Lorbeerblatt

2 Gewürznelken

1 TL schwarze Pfefferkörner

3 Wacholderbeeren

1 gepökelte hintere Schweinehaxe

(ca. 1 1/2 kg)

je 1/2 gelbe und

orangefarbene Karotte

150 g Knollensellerie

1–2 Gewürzgurken

Für den Sülzenstand:

3 Blatt Gelatine

3 EL Gewürzgurkensud

Chilisalz

Zucker · Pfeffer aus der Mühle

1–2 EL Rotweinessig

Außerdem:

100 g Sahne

je 1 TL süßer und scharfer Senf

1 TL Sahnemeerrettich

(aus dem Glas)

1 Msp. abgeriebene unbehandelte

Orangenschale

Salz · Pfeffer aus der Mühle

milde Chiliflocken

1 Am Vortag für das Eisbein die Zwiebel schälen, das Lorbeerblatt darauflegen und mit den Nelken feststecken. Die gespickte Zwiebel mit den Pfefferkörnern und den Wacholderbeeren in einen großen Topf geben. Die Schweinehaxe kalt waschen und dazugeben, gut mit Wasser bedecken und 2 1/2 Stunden sanft köcheln lassen, bis sich das Fleisch vom Knochen löst. Die Karotten und den Sellerie putzen, schälen und nach 1 1/2 Stunden Garzeit dazugeben. Abkühlen lassen und die Haxe in dem Sud über Nacht kühl stellen.

2 Am nächsten Tag das Fett von dem Sud mit dem Schaumlöffel abnehmen und die Haxe aus dem Sud nehmen. Die Schwarte und die Knochen entfernen und das magere Fleisch in etwa 1 cm große Würfel schneiden. Die Karotten, den Sellerie und die Gewürzgurken in 3 bis 4 mm große Würfel schneiden.

3 Für den Sülzenstand die Gelatine in kaltem Wasser einweichen. Vom Eisbeinkochsud 300 ml abmessen und mit dem Gewürzgurkensud in einem Topf erwärmen. Mit Chilisalz, 1 Prise Zucker, Pfeffer und Essig herzhaft abschmecken. Der Geschmack sollte kräftig sein. Die Gelatine ausdrücken und in der warmen Flüssigkeit auflösen.

4 Den Sülzenstand bei Zimmertemperatur etwas abkühlen lassen, bis die Flüssigkeit kalt ist, aber noch nicht zu gelieren beginnt.

5 Die Gemüsewürfel mit dem Fleisch auf Serviergläser oder Portionsschälchen (à 300 ml Inhalt) verteilen und mit dem Sülzenstand auffüllen. Das gesulzte Eisbein im Kühlschrank fest werden lassen.

6 Die Sahne halb steif schlagen, beide Senfsorten, den Meerrettich und die Orangenschale unterrühren. Mit Salz, Pfeffer und Chili würzen. Das gesulzte Eisbein im Glas servieren und jeweils etwa 2 TL Senfsahne daraufsetzen.

Schuhbecks Küchentipp

Die Sülze kann man ausgezeichnet vorbereiten – sie hält sich mehrere Tage im Kühlschrank. Kurz vor dem Servieren wird die Senfsahne dann frisch zubereitet.

Carpaccio vom Eisbein
mit Tomaten-Oliven-Marinade und Feldsalat

Zutaten für 4 Personen

Für das Eisbein:

1 Zwiebel · 1 Lorbeerblatt

2 Gewürznelken

1 TL schwarze Pfefferkörner

3 Wacholderbeeren

1 gepökelte hintere Schweinehaxe

(ca. 1 1/2 kg)

je 1/2 gelbe und

orangefarbene Karotte

150 g Knollensellerie

1–2 Gewürzgurken

Für die Marinade:

1 EL Rotweinessig

3–4 EL mildes Olivenöl

Salz · Pfeffer aus der Mühle

1 Msp. abgeriebene

unbehandelte Zitronenschale

Außerdem:

1 Tomate

100 g Feldsalat

je 8 grüne und schwarze

Oliven (entsteint)

8 Kapernäpfel

1 Am Vortag das Eisbein, wie auf Seite 20 beschrieben, zubereiten.

2 Am nächsten Tag das Fett von dem Sud mit dem Schaumlöffel abnehmen und die Haxe herausnehmen. Die Schwarte und die Knochen entfernen und das magere Fleisch in dünne Scheiben schneiden. Den Sud anderweitig verwenden.

3 Für die Marinade den Essig und das Olivenöl verrühren und mit Salz, Pfeffer und Zitronenschale würzen.

4 Die Tomate kreuzweise einritzen, überbrühen, kalt abschrecken, häuten, vierteln, entkernen und in kleine Würfel schneiden. Die Eisbeinscheiben auf kleinen flachen Tellern wie ein Carpaccio auslegen.

5 Den Feldsalat putzen, waschen und trocken schleudern. Die Oliven vierteln. Das Eisbein mit der Marinade beträufeln und mit Oliven, Tomatenwürfeln, Kapernäpfeln und Feldsalat garnieren. Nach Belieben 1 Stück Meerrettich schälen und in feinen Spänen darüberhobeln.

Schuhbecks Küchentipp

Für das Carpaccio sollten Sie nur absolut magere Fleischstücke verwenden. Damit sie sich in hauchdünne Scheiben schneiden lassen, unbedingt ein scharfes Messer verwenden. Nach dem Aufschneiden das Carpaccio sofort mit der Marinade beträufeln und servieren, sonst trocknet das Fleisch aus.

Flammkuchen
mit Speck und Tomaten

Zutaten für 4 Personen

Für den Teig:

250 g Mehl

¹/₅ Würfel Hefe (ca. 8 g)

2 EL Olivenöl

1 gestr. EL Salz

Butter für das Blech

Mehl zum Ausrollen

Für den Belag:

3 Zwiebeln

2 EL Öl

100 ml Gemüsebrühe

200 g Frühstücksspeck

300 g saure Sahne

Salz · Pfeffer aus der Mühle

mildes Chilipulver

1 TL getrocknetes Bohnenkraut

2 Tomaten

2 Frühlingszwiebeln

50 g Feldsalat

Für die Marinade:

2 EL Rotweinessig

Chilisalz · ¹/₂ TL Zucker

4 EL Olivenöl

1 Für den Teig das Mehl in eine Schüssel sieben und in die Mitte eine Mulde drücken. 5 EL Wasser leicht erwärmen und die Hefe darin auflösen. Die Mischung in die Mulde geben und mit etwas Mehl verrühren. Das Olivenöl, das Salz und 7 EL Wasser dazugeben und alles zu einem glatten Teig verkneten. Den Teig mit Frischhaltefolie bedecken und an einem warmen Ort 30 Minuten gehen lassen.

2 In der Zwischenzeit für den Belag die Zwiebeln schälen, halbieren und quer in Streifen schneiden. Das Öl in einer Pfanne erhitzen und die Zwiebeln darin bei mittlerer Hitze dünsten. Die Brühe dazugießen.

3 Den Speck in 2 cm breite Streifen schneiden. Die saure Sahne mit Salz, Pfeffer, Chilipulver und Bohnenkraut würzen.

4 Für die Marinade den Essig mit Chilisalz, Zucker und Olivenöl verrühren.

5 Den Backofen auf 210 °C vorheizen. Ein Backblech einfetten. Den Teig auf der bemehlten Arbeitsfläche ausrollen und das Blech damit auslegen. Die saure Sahne gleichmäßig daraufstreichen, die Zwiebeln und den Speck darauf verteilen und den Flammkuchen im Ofen auf der untersten Schiene etwa 20 Minuten hellbraun backen.

6 Die Tomaten kreuzweise einritzen, überbrühen, kalt abschrecken, häuten, vierteln, entkernen und in 1 cm große Würfel schneiden. Die Frühlingszwiebeln putzen, waschen und in Ringe schneiden. Den Feldsalat putzen, waschen und trocken schleudern.

7 Kurz vor dem Servieren zwei Drittel der Marinade abnehmen und die Tomaten und die Frühlingszwiebeln darin marinieren. Den Feldsalat mit dem restlichen Dressing marinieren. Die Tomaten und die Frühlingszwiebeln auf dem warmen Flammkuchen verteilen. Den Flammkuchen in Stücke schneiden und mit dem Feldsalat servieren.

Schuhbecks Küchentipp

Anstatt den Flammkuchen als Blechkuchen zu backen, kann der Teig auch in 4 Portionen geteilt, zu sehr dünnen ovalen Fladen ausgerollt, mit dem gleichen Belag fertiggestellt und auf zwei Backblechen gebacken werden.

Quiche Lorraine
mit würzigem Kräuter-Dip

Zutaten für 4 Personen
Für den Teig:
220 g Mehl
90 g kalte Butter · Salz
Mehl zum Ausrollen
Butter für die Form

Für die Füllung:
100 g gekochter Hinterschinken
(in Scheiben)
2 dünne Stangen Lauch
1/2 Zwiebel · 1 EL Öl
50 g Gouda (grob gerieben)
mildes Chilipulver
frisch geriebene Muskatnuss
5 Eigelb · 300 g Sahne
Salz · Pfeffer aus der Mühle

Für den Dip:
250 g saure Sahne
1 TL Dijonsenf · Chilisalz
je 1 Msp. abgeriebene
unbehandelte Zitronen-
und Orangenschale
1 Spritzer Zitronensaft
1 EL frisch geschnittene Kräuter
(z. B. Schnittlauch, Kerbel,
Basilikum)

1 Am Vortag für den Teig das Mehl mit der Butter, dem Salz und 80 ml kaltem Wasser zu einem glatten Teig verkneten. Den Teig zu einer Kugel formen, in Frischhaltefolie wickeln und über Nacht im Kühlschrank ruhen lassen.

2 Am nächsten Tag für die Füllung den Schinken in 1/2 cm breite Streifen schneiden. Den Lauch putzen, längs halbieren, waschen und quer in Streifen schneiden. Die Zwiebel schälen und in feine Streifen schneiden. Das Öl in einer großen Pfanne erhitzen, die Zwiebel und den Lauch darin bei mittlerer Hitze andünsten und anschließend in eine Schüssel geben. Den Schinken und den Käse hinzufügen, alles mischen und mit Chilipulver und Muskatnuss abschmecken.

3 Die Eigelbe und die Sahne mit dem Stabmixer verrühren und mit etwas Salz, Pfeffer und Muskatnuss würzen.

4 Den Backofen auf 200 °C vorheizen. Den Teig auf der bemehlten Arbeitsfläche zu einem etwa 3 mm dicken Kreis von etwa 30 cm Durchmesser ausrollen. Eine Tarteform (26 cm Durchmesser) mit wenig Butter einfetten und mit dem Teig auslegen, einen Rand formen und überstehenden Teig abschneiden. Die Lauchmischung darauf verteilen und die Eigelb-Sahne-Mischung darübergießen. Die Quiche im Ofen auf der mittleren Schiene etwa 40 Minuten goldbraun backen.

5 Für den Dip die saure Sahne mit dem Senf, dem Chilisalz, der Zitronen- und Orangenschale, dem Zitronensaft und den Kräutern in einer kleinen Schüssel verrühren.

6 Die Quiche aus dem Ofen nehmen, kurz abkühlen lassen und in 10 bis 12 Stücke schneiden. Mit dem Dip servieren.

Schuhbecks Küchentipp

Besonders knusprig wird der Boden, wenn man ihn blindbäckt. Dafür wird der Teig in der Form zunächst mit Backpapier und dann mit getrockneten Hülsenfrüchten belegt. Den Boden bei 200 °C 10 Minuten backen. Das Backpapier und die Hülsenfrüchte entfernen und den Teigboden weitere 15 Minuten backen.

Labskaus
mit Wachteleiern

Zutaten für 4 Personen
Für die Rinderbrust:
¹/₂ Zwiebel
1 Lorbeerblatt
2 Gewürznelken
600 g gepökelte Rinderbrust

Für das Dressing:
1 Rote Bete (200 g) · Salz
¹/₂ TL ganzer Kümmel
1 Zwiebel
2 EL Rotweinessig
¹/₂ TL scharfer Senf
Salz · Pfeffer aus der Mühle
1 Msp. abgeriebene
unbehandelte Zitronenschale
Zucker · 2–3 EL Rapsöl

Außerdem:
1 doppeltes Matjesfilet
(ca. 100 g)
2 festkochende Kartoffeln · Salz
1 EL Öl · Chilisalz
gemahlener Kümmel
getrockneter Majoran
¹/₂ TL abgeriebene
unbehandelte Zitronenschale
1 EL Butter
8 Wachteleier
5 Halme Schnittlauch
8 Cornichons
1 Stück frischer Meerrettich

1 Für die Rinderbrust die Zwiebelhälfte mit dem Lorbeerblatt belegen und mit den Nelken feststecken. Die gespickte Zwiebel in einen großen Topf mit Wasser geben. Das Wasser aufkochen, die Rinderbrust hineingeben und darin etwa 3 Stunden weich kochen. Den Topf vom Herd nehmen, die Rinderbrust aus dem Sud nehmen, etwas abkühlen lassen und zum Anrichten in dünne Scheiben schneiden. Von der Rinderbrühe ¹/₈ l abmessen und beiseitestellen.

2 Für das Dressing die Rote Bete in kochendem Salzwasser mit dem Kümmel weich garen. Schälen und in höchstens ¹/₂ cm große Würfel schneiden. Die Zwiebel schälen und in feine Würfel schneiden. Die beiseitegestellte Rinderbrühe mit Essig, Senf, Salz, Pfeffer, Zitronenschale und 1 Prise Zucker verrühren, zum Schluss das Öl mit dem Stabmixer unterrühren. Die Rote-Bete- und die Zwiebelwürfel darin am besten einige Stunden marinieren.

3 Das Matjesfilet waschen, trocken tupfen und in etwa 2 cm große Stücke schneiden.

4 Die Kartoffeln schälen, waschen, in ¹/₂ cm große Würfel schneiden und in Salzwasser garen. In ein Sieb abgießen, abtropfen lassen und in einer Pfanne im Öl rundum goldbraun braten. Mit je 1 Prise Chilisalz, Kümmel und Majoran sowie Zitronenschale würzen.

5 Die Butter in einer Pfanne erhitzen und leicht salzen. Die Wachteleier mithilfe eines kleinen Metallrings darin bei mittlerer Hitze zu Spiegeleiern braten. Den Schnittlauch waschen, trocken schütteln und in feine Röllchen schneiden.

6 Die Rindfleischscheiben auf vorgewärmten Tellern anrichten. Die Rote-Bete-Zwiebel-Mischung auf dem Fleisch verteilen, den Schnittlauch darüberstreuen, die Kartoffelwürfel und die Matjesstücke darauf verteilen. Die Wachtelspiegeleier ebenfalls daraufsetzen und mit den abgetropften Cornichons garnieren. Den Meerrettich schälen und in feinen Spänen darüberhobeln.

Gebeizter Huchen
mit Holunder-Buttermilch-Schaum

Zutaten für 4 Personen

Für den Huchen:
1 TL schwarze Pfefferkörner
1 TL Korianderkörner
1 TL gelbe Senfkörner
1 TL Fenchelsamen
1 EL Wacholderbeeren (gehackt)
je 1 Streifen unbehandelte Zitronen- und Orangenschale
je 1 EL Dill und Petersilie (frisch geschnitten)
50 g grobes Meersalz
2 EL Zucker
400 g Huchenfilet (ohne Haut und Gräten)

Für den Buttermilchschaum:
150 g Buttermilch
100 g saure Sahne
einige Spritzer Zitronensaft
1 Msp. abgeriebene unbehandelte Zitronenschale
1 TL Chilisalz
2 EL mildes Olivenöl
2 TL Holunderblütensirup

Außerdem:
10 kleine festkochende Kartoffeln (z. B. Sieglinde)
Salz · 1 EL Öl
gemahlener Kümmel
getrockneter Majoran
Chilisalz · 1 Tomate

1 Für den Huchen die Pfeffer-, Koriander- und Senfkörner, die Fenchelsamen sowie die Wacholderbeeren in einer Pfanne ohne Fett anrösten und in einem Mörser nicht zu fein zerstoßen. Die Zitronen- und Orangenschale klein schneiden und mit den gerösteten Gewürzen, Dill, Petersilie, Meersalz und Zucker mischen.

2 Das Huchenfilet waschen, trocken tupfen und mit dem Plattiereisen flach klopfen. Mit der Salz-Gewürz-Mischung in eine Form geben, sodass der Fisch rundum eingehüllt ist. Den Huchen zugedeckt im Kühlschrank etwa 1 1/2 Stunden beizen.

3 Das Huchenfilet unter fließendem kaltem Wasser waschen, trocken tupfen und in 4 gleich große Stücke schneiden.

4 Für den Buttermilchschaum die Buttermilch und die saure Sahne mit Zitronensaft und -schale, dem Chilisalz, dem Olivenöl und dem Holunderblütensirup in einen hohen Rührbecher geben und mit dem Stabmixer verrühren.

5 Die Kartoffeln waschen und mit der Schale in Salzwasser garen. Abgießen und der Länge nach halbieren. Das Öl in einer Pfanne erhitzen und die Kartoffelhälften darin bei mittlerer Hitze anbraten. Mit je 1 Prise Kümmel, Majoran und Chilisalz würzen.

6 Die Tomate kreuzweise einritzen, überbrühen, kalt abschrecken, häuten, vierteln, entkernen und in etwa 1 cm breite Streifen schneiden.

7 Zum Servieren jeweils 1 Stück Huchen in die Mitte eines vorgewärmten Tellers legen und mit Buttermilchschaum beträufeln. Die Kartoffeln und Tomatenstreifen daneben anrichten und mit Dillspitzen garniert servieren.

Schuhbecks Küchentipp

Dies ist die schnelle Methode, den Fisch zu beizen. Wer mehr Zeit hat, legt das Huchenfilet unplattiert (etwa 2 cm dick) über Nacht in der Beize ein. Statt Huchen können Sie für dieses Rezept auch Forellenfilets verwenden.

Hechtnockerl auf Weißkraut
mit Flusskrebsen

Zutaten für 4 Personen
Für die Krebse:
10 Flusskrebse
1/2 TL ganzer Kümmel · Salz
je 1 EL Butter und braune Butter
(siehe Tipp S. 46)
Chilisalz

Für die Krebssauce:
1/2 Stange Staudensellerie
1 Tomate · 1 Zwiebel
1/2 kleine Petersilienwurzel
1/4 Fenchelknolle
1/2 kleine Möhre · 1 EL Öl
1/2–1 EL Tomatenmark
2 cl Cognac
3 EL Wermut · 50 ml Weißwein
1/2 l Gemüsebrühe
1 kleines Lorbeerblatt
1 Zimtsplitter · 1/2 Vanilleschote
1 Knoblauchzehe (in Scheiben)
2 Scheiben Ingwer
Fenchelsamen · 20 g kalte Butter

Für die Hechtnockerl:
200 g gut gekühltes Hechtfilet
(ohne Haut und Gräten)
100 g gut gekühltes Zanderfilet
(ohne Haut und Gräten)
Salz · Pfeffer aus der Mühle
300 g kalte Sahne
1–2 TL scharfer Senf · Chilisalz
frisch geriebene Muskatnuss

1 Die Krebse mit dem Kümmel in kochendem Salzwasser 1 bis 2 Minuten garen und sofort kalt abschrecken. Die Krebsschwänze und -scheren vom Körper trennen. Die Schwänze schälen und den Darm entfernen. Die Scheren knacken und das Fleisch herauslösen. Das Krebsfleisch zugedeckt kühl stellen, die Karkassen für die Sauce beiseitestellen.

2 Für die Krebssauce den Backofen auf 150 °C vorheizen. Die Krebskarkassen sorgfältig säubern, gründlich waschen und abtropfen lassen. Auf einem Backblech im Ofen auf der mittleren Schiene 15 bis 20 Minuten trocknen lassen und zerkleinern. Inzwischen das Gemüse putzen und schälen bzw. waschen und in 1 cm große Würfel schneiden.

3 Das Öl in einem Topf erhitzen und die Karkassen darin andünsten, das Gemüse und das Tomatenmark dazugeben und kurz mitdünsten. Den Cognac, den Wermut, den Wein und die Brühe hinzufügen und die Sauce sämig einköcheln lassen. Lorbeerblatt, Zimt, Vanilleschote, Knoblauch, Ingwer und 1 Prise Fenchelsamen dazugeben und alles knapp unter dem Siedepunkt 30 bis 45 Minuten ziehen lassen. Anschließend durch ein Sieb streichen und den Fond etwas einkochen lassen. Kurz vor dem Anrichten die kalte Butter mit dem Schneebesen unterrühren.

4 Für die Hechtnockerl die Fischfilets waschen, trocken tupfen und in Würfel schneiden, mit Salz und Pfeffer würzen. Mit der Sahne etwa 5 Minuten in das Gefrierfach stellen, damit alle Zutaten eiskalt sind. Die Fischwürfel in den Küchenmixer geben, 100 g kalte Sahne, Senf, Chilisalz und Muskatnuss hinzufügen. Anis, Pfeffer- und Korianderkörner in die Gewürzmühle füllen. Den Fisch pürieren, bis eine Bindung entsteht. Die restliche Sahne in 2 Portionen untermixen. Zum Schluss Dill und Estragon dazugeben und die Farce mit der Mischung aus der Mühle würzen. Die Farce sollte glatt und glänzend sein. Die Fischfarce in eine Schüssel füllen und kühl stellen.

5 In einem weiten Topf 1 l Wasser zum Kochen bringen, Kardamom, Chilischote, Chilisalz, Lorbeerblatt, Ingwer und 1 1/2 EL Salz dazugeben. Die Hitze so weit reduzieren, dass die Temperatur unter dem Siedepunkt, bei 80 bis 90 °C, liegt. Aus der Farce mit zwei Esslöffeln 16 große Nocken ausstechen, dabei die Löffel immer wieder in warmes Wasser tauchen. Nockerl im Kochsud 15 Minuten ziehen lassen.

*je 1 TL Anissamen, schwarze
Pfeffer- und Korianderkörner
1–2 TL Dill (frisch geschnitten)
1 TL Estragon
5 grüne Kardamomkapseln
1 getrocknete rote Chilischote
Chilisalz · 1 Lorbeerblatt
3 Scheiben Ingwer*

Für das Kraut:
*¹/₄ Spitzkohl oder junger Weiß-
kohl · 1 EL braune Butter
(siehe Tipp S. 46) · Salz
mildes Chilipulver
gemahlener Kümmel*

6 Für das Kraut den Kohl putzen, waschen und in Blätter teilen. Die Kohlblätter in 2 cm große Rauten schneiden. Die braune Butter in einer großen Pfanne erhitzen und die Krautrauten darin einige Minuten anbraten. Mit Salz, je 1 Prise Chilipulver und Kümmel würzen und nach Belieben einige Petersilienblätter hinzufügen.

7 Das Krebsfleisch zum Anrichten in einer Pfanne in Butter und brauner Butter sowie 1 Prise Chilisalz erwärmen.

8 Das Weißkraut in vorgewärmten tiefen Tellern verteilen, die Hechtnockerl darauf anrichten. Mit der Sauce beträufeln und die Nockerl mit dem Krebsfleisch garniert servieren.

Krabbensalat
mit gebratenem Speck

Zutaten für 4 Personen

*1 Ei · 1 Gewürzgurke (ca. 30 g)
1 Zwiebel · 80 ml Gemüsebrühe
100 g Frühstücksspeck
1 EL Öl · 400 g Schmand
250 g vorgegarte Krabben
(gepult)
1–2 EL Schnittlauchröllchen
1 TL scharfer Senf
Salz · Pfeffer aus der Mühle
mildes Chilipulver*

1 Das Ei 10 Minuten hart kochen, kalt abschrecken, pellen und in kleine Würfel schneiden. Die Gewürzgurke in sehr kleine Würfel schneiden. Die Zwiebel schälen, in feine Würfel schneiden und in der Brühe weich dünsten, bis die Flüssigkeit verdampft ist.

2 Den Speck in kleine Würfel schneiden. Das Öl in einer Pfanne erhitzen und die Speckwürfel darin anbraten. Aus der Pfanne nehmen und auf Küchenpapier abtropfen lassen.

3 Den Schmand mit den Krabben, dem gehackten Ei, den Gurkenwürfeln, den Zwiebeln, dem Speck, Schnittlauch und dem Senf glatt rühren. Mit Salz, Pfeffer und 1 Prise Chilipulver herzhaft würzen. Den Krabbensalat nach Belieben mit einigen Scheiben Pumpernickel oder geröstetem Toastbrot servieren.

Austern auf Blattspinat
mit Gewürz-Hollandaise

Zutaten für 4 Personen
Für die Austern:
12 Sylter Austern · Salz

Für die Hollandaise:
je 1 TL grüne Kardamomkapseln,
schwarze Pfeffer- und
Korianderkörner für die Mühle
1 kleine Schalotte
100 ml Weißwein
5 EL Gemüsebrühe
je 1 TL schwarze Pfeffer-, Piment-
und Korianderkörner
1 Lorbeerblatt
2 Scheiben Ingwer
3 Eigelb
180 g zerlassene geklärte Butter
(oder braune Butter,
siehe Tipp S. 46)
Chilisalz

Für den Spinat:
300 g Blattspinat
1 Schalotte · 1 TL Butter
3 EL Gemüsebrühe
Salz · Pfeffer aus der Mühle
frisch geriebene Muskatnuss
1 Msp. abgeriebene unbehandelte
Zitronenschale

1 Für die Austern die Austern mit dem Austernmesser vorsichtig öffnen. Das Fleisch herauslösen und dabei das Austernwasser auffangen, gegebenenfalls durch ein feines Sieb gießen, um Splitter herauszufiltern. Eventuell vorhandene Splitter auf dem Austernfleisch mit einem in Salzwasser getauchten Pinsel vorsichtig entfernen. Die Austern kühl stellen.

2 Für die Hollandaise den Kardamom, die Pfeffer- und Korianderkörner in die Gewürzmühle füllen. Die Schalotte schälen und in feine Würfel schneiden. Mit dem Wein, der Brühe, den Pfeffer-, Piment- und Korianderkörnern, dem Lorbeerblatt sowie dem Ingwer aufkochen und auf etwa ein Viertel einköcheln lassen. Anschließend durch ein Sieb gießen.

3 Die eingekochten Weißwein (etwa 3 EL) mit den Eigelben und dem Austernwasser in einer Metallschüssel im heißen Wasserbad zu einem feinporigen Schaum (Sabayon) aufschlagen. Die Temperatur sollte dabei 80 °C nicht überschreiten. Die Schüssel aus dem Wasserbad nehmen und die flüssige, geklärte Butter gleichmäßig in einem dünnen Strahl unter das Sabayon rühren, bis die Sauce bindet. Die Hollandaise mit Chilisalz und der Mischung aus der Mühle würzen.

4 Für den Spinat die Spinatblätter verlesen, waschen und trocken schleudern, grobe Stiele entfernen. Die Schalotte schälen und in feine Würfel schneiden. Die Butter in einer Pfanne erhitzen und die Schalotte darin bei mittlerer Hitze glasig dünsten. Die Brühe hinzufügen, den Spinat dazugeben und zusammenfallen lassen. Mit Salz, Pfeffer, Muskatnuss und Zitronenschale würzen.

5 In einem Topf Salzwasser auf 80 °C erhitzen und die Austern darin etwa 30 Sekunden pochieren, mit dem Schaumlöffel sofort wieder herausnehmen.

6 Die Austern mit dem Spinat auf vorgewärmten Tellern oder Austernschalen anrichten und mit der Gewürz-Hollandaise beträufeln. Nach Belieben mit Zitronenspalten garniert servieren.

Austern
mit dreierlei Marinaden

Zutaten für 4 Personen
Für die Austern:
36 Sylter Austern

Für die Ingwermarinade:
1 TL eingelegter Ingwer
1 Schalotte
1 TL Ingwerfond (Einlege-
flüssigkeit des Ingwers)
2 EL Weißweinessig
4 EL Gemüsebrühe · Chilisalz

Für die Rotweinessig-
Vinaigrette:
1 Schalotte
3 EL Rotweinessig
4 EL Gemüsebrühe · Chilisalz

Für die Kräuter-Vinaigrette:
1 Schalotte · 2 EL Weißweinessig
4 EL Gemüsebrühe
1 EL frisch geschnittene Kräuter
(z. B. Schnittlauch, Basilikum,
Kerbel, Petersilie, Dill)
1 EL Olivenöl · Chilisalz

1 Für die Austern die Austern mit dem Austernmesser vorsichtig öffnen. Das Fleisch herauslösen und das Austernwasser dabei auffangen, gegebenenfalls durch ein kleines Sieb gießen, um Splitter herauszufiltern. Eventuell vorhandene Splitter auf dem Austernfleisch mit einem in Salzwasser getauchten Pinsel vorsichtig entfernen.

2 Für die Ingwermarinade den Ingwer klein schneiden. Die Schalotte schälen und in feine Würfel schneiden. Den Ingwer und die Schalotte mit dem Austernwasser, dem Ingwerfond, dem Essig und der Brühe mischen, die Marinade mit 1 Prise Chilisalz abschmecken.

3 Für die Rotweinessig-Vinaigrette die Schalotte schälen und in feine Würfel schneiden. Das aufgefangene Austernwasser mit der Schalotte, dem Essig und der Brühe mischen, die Vinaigrette mit 1 Prise Chilisalz abschmecken.

4 Für die Kräuter-Vinaigrette die Schalotte schälen und in feine Würfel schneiden. Das aufgefangene Austernwasser mit der Schalotte, dem Essig, der Gemüsebrühe, den Kräutern und dem Olivenöl mischen, die Vinaigrette mit 1 Prise Chilisalz abschmecken.

5 Die Austern auf Tellern oder nach Belieben in Austernschalen auf einem Meersalzbett anrichten. Je 12 Austern mit der Ingwermarinade, der Rotweinessig-Vinaigrette und der Kräuter-Vinaigrette beträufeln.

Schuhbecks Küchentipp

Beim Kauf von Austern sollten Sie darauf achten, dass die Muscheln mit der Wölbung nach unten gelagert werden, ansonsten besteht die Gefahr, dass das Wasser herausgelaufen ist. Frische Austern riechen nach Meerwasser, keinesfalls fischig! Zum Öffnen verwendet man am besten ein Austernmesser oder einen -öffner und schützt die Hand, die die Muschel hält, mit einem Kettenhandschuh (aus dem Haushaltswarenladen) oder einem mehrfach gefalteten Küchentuch.

Heringssalat
mit Rote-Bete-Birnen-Schmand

Zutaten für 4 Personen

1 Rote Bete (ca. 200 g)
Salz · ganzer Kümmel
1 Birne
2 Frühlingszwiebeln
1 Gewürzgurke
8 eingelegte Heringsfilets
200 g Schmand
1 EL Sahnemeerrettich
(aus dem Glas)
1 Msp. abgeriebene
unbehandelte Zitronenschale
1 EL Gewürzgurkensud
Pfeffer aus der Mühle
mildes Chilipulver · Zucker

1 Die Rote Bete waschen, frische Blätter vorsichtig abschneiden, ohne dabei die Knolle zu verletzen. Rote Bete in kochendem Salzwasser mit 1 Prise Kümmel etwa 1 Stunde weich garen. Etwas abkühlen lassen, schälen, vierteln und in 1/2 cm dicke Scheiben schneiden.

2 Die Birne schäle und vierteln, das Kerngehäuse entfernen und das Fruchtfleisch in 1/2 cm dicke Scheiben schneiden. Die Frühlingszwiebeln putzen, waschen und ebenfalls in 1/2 cm dicke Ringe schneiden. Die Gewürzgurke in 1/2 cm dicke Scheiben schneiden. Die Heringsfilets abtropfen lassen und in 1 1/2 bis 2 cm breite Stücke schneiden.

3 Den Schmand mit dem Meerrettich, der Zitronenschale und dem Gewürzgurkensud verrühren und mit Salz, Pfeffer sowie je 1 Prise Chilipulver und Zucker würzen.

4 Die Rote Bete, die Birne, die Frühlingszwiebeln, die Gewürzgurke und die Heringsstücke mit dem Schmand mischen. Gegebenenfalls nochmals etwas nachwürzen. Den Heringssalat nach Belieben mit Frühlingszwiebelringen garniert servieren.

Selleriesalat
mit Petersilie

Zutaten für 4 Personen

500 g Knollensellerie
300 ml Gemüsebrühe
2 EL Rotweinessig · 2 EL Öl
Salz · Pfeffer aus der Mühle
Zucker
1 EL Petersilie (frisch geschnitten)

1 Den Sellerie putzen, schälen und in 1/2 cm dicke Scheiben schneiden. Die Selleriescheiben in Spalten schneiden. Die Brühe in einem Topf erhitzen und den Sellerie darin etwa 20 Minuten weich köcheln.

2 Den Topf vom Herd nehmen und den Sellerie kurz abkühlen lassen. Den Essig und das Öl untermischen und den Salat mit Salz, Pfeffer und 1 Prise Zucker abschmecken. Mit Petersilie bestreuen und mindestens 30 Minuten ziehen lassen. Der Selleriesalat passt hervorragend zu der gefüllten Bauernente von Seite 112.

Schneckenragout
im Blätterteigpastetchen

Zutaten für 4 Personen

Für die Pastetchen:

500 g Blätterteig
(aus dem Kühlregal)
Mehl zum Ausrollen
1 Eigelb · 1 EL Sahne

Für das Ragout:

2 Schalotten · 1 EL Öl
50 ml badischer Weißwein
1/4 l Gemüsebrühe oder
Geflügelfond
80 g Sahne · 1 TL Speisestärke
50 g Champignons
1 Lorbeerblatt · 1 Scheibe Ingwer
2 Knoblauchzehen
(in Scheiben)
2 EL frisch geschnittene Kräuter
(z. B. Petersilie, Estragon, Dill,
Basilikum, Kerbel)
1 Stück Vanilleschote
1 Msp. abgeriebene
unbehandelte Zitronenschale
einige Spritzer Zitronensaft
180 g Weinbergschnecken
(aus dem Glas; abgetropft)
Salz · Pfeffer aus der Mühle
Chilisalz

1 Für die Pastetchen den Backofen auf 210 °C vorheizen. Den Blätterteig auf der bemehlten Arbeitsfläche etwa 3 mm dünn ausrollen. Mit einem gezackten Ausstecher aus dem Teig 12 Kreise (à etwa 8 cm Durchmesser) ausstechen.

2 Ein Backblech mit Backpapier auslegen. 4 Teigkreise daraufsetzen und mit kaltem Wasser bestreichen.

3 Von den restlichen 8 Teigkreisen mit einem kleineren Ausstecher aus der Mitte Teigkreise von 5 cm Durchmesser ausstechen und beiseitelegen. Vier der so entstandenen Teigringe auf die Teigkreise legen, leicht mit Wasser bestreichen und die anderen 4 Ringe direkt darauflegen, sodass jeweils 2 Ringe aufeinanderliegen. Den Teigboden in der Mitte der Kreise mit einer Gabel einstechen, damit er nicht so stark aufgeht. Die beiseitegelegten kleineren Teigkreise danebenlegen und ebenfalls einstechen, sie dienen beim Anrichten als Deckel.

4 Das Eigelb mit der Sahne verquirlen und die Oberfläche der Teigkreise und die kleinen Kreise damit mit einem feinen Pinsel bestreichen (dabei darauf achten, dass das Eigelb an der Seite nicht herunterläuft, da das Gebäck dann einseitig aufgehen würde). Pastetchen im Ofen auf der mittleren Schiene 10 bis 15 Minuten goldbraun backen.

5 Für das Schneckenragout die Schalotten schälen und in feine Würfel schneiden. Das Öl in einem Topf erhitzen und die Schalotten darin bei milder Hitze glasig dünsten. Den Wein dazugießen und fast vollständig einköcheln lassen. Die Brühe und die Sahne dazugeben. Die Speisestärke mit wenig kaltem Wasser glatt rühren und nach und nach unter die köchelnde Sauce rühren, bis sie leicht sämig bindet.

6 Die Champignons putzen, trocken abreiben, vierteln und in die Sauce geben. Mit Lorbeerblatt, Ingwer, Knoblauch, Kräutern, Vanilleschote, Zitronenschale und Zitronensaft würzen. Die Schnecken hinzufügen und in der Sauce erhitzen. Die Sauce mit Salz, Pfeffer und 1 Prise Chilisalz abschmecken. Zum Schluss die ganzen Gewürze wieder entfernen.

7 Die Pastetchen gegebenenfalls im Ofen leicht anwärmen, das Ragout darauf verteilen, die Teigdeckel daraufsetzen und servieren.

Gänselebermousse
mit Apfelgelee

Zutaten für 4 Personen

Für das Gelee:

1/4 Apfel (z. B. Elstar)
1 1/2 Blatt Gelatine
100 ml Apfelsaft
50 ml Apfelwein
1–2 TL Zucker

Für die Mousse:

350 g Gänseleber (ersatzweise
Enten- oder Hühnerleber)
1/2 TL Zucker · 100 g kalte Butter
getrockneter Majoran
gemahlener Piment
mildes Chilipulver
Pfeffer aus der Mühle
frisch geriebene Muskatnuss
2 cl Weinbrand
2 cl roter Portwein
je 1 Streifen unbehandelte Zitro-
nen- und Orangenschale
130 g Sahne · Salz

1 Für das Gelee das Apfelviertel schälen, entkernen und in möglichst kleine Würfel schneiden.

2 Die Gelatine in kaltem Wasser einweichen. Apfelsaft und -wein mit den Apfelwürfeln und dem Zucker in einem kleinen Topf bei milder Hitze 5 Minuten köcheln lassen. Den Topf vom Herd nehmen, die Gelatine ausdrücken und in der heißen Flüssigkeit auflösen. Die Mischung bei Zimmertemperatur abkühlen lassen.

3 Für die Mousse die Leber putzen, waschen und in 2 cm große Stücke schneiden. Den Zucker in einer Pfanne bei milder Hitze karamellisieren. Die Leberstücke und 30 g Butter dazugeben, mit je 1 Prise Majoran, Piment und Chilipulver sowie Pfeffer und Muskatnuss würzen und die Leberstücke 1 bis 2 Minuten rosa braten. Den Weinbrand und den Portwein dazugießen und 1 EL Apfelgelee unterrühren. Die Zitrusschalen und die Sahne hinzufügen, leicht erwärmen und mit Salz würzen. Kurz ziehen lassen und die Zitrusschalen entfernen.

4 Die Masse im Küchenmixer mit der restlichen kalten Butter glatt pürieren. Die Mousse nach Bedarf durch ein feines Sieb streichen, mit Salz und den Gewürzen gegebenenfalls nochmals abschmecken. Flache Portionsförmchen zu drei Viertel mit der Mousse füllen, glatt streichen und im Kühlschrank 30 Minuten fest werden lassen.

5 Die Formen aus dem Kühlschrank nehmen und das abgekühlte, aber noch flüssige Apfelgelee in einer 1/2 cm hohen Schicht auf die Mousse gießen. Die Gänselebermousse mindestens 2 weitere Stunden kühl stellen.

Schuhbecks Küchentipp

Beim Putzen der Leber ist es besonders wichtig, dass wirklich alle grünlichen Anteile sorgfältig entfernt werden, denn diese könnten die Mousse bitter machen. Anstatt Piment kann dieses Gericht mit 1 Prise Quatre épices gewürzt werden. Diese Gewürzmischung stammt aus Frankreich, passt besonders gut zu Enten- und Gänseleber und ist in Feinkost- und Gewürzläden erhältlich.

Suppen
& Eintöpfe

Bremer Hühnersuppe
mit Blumenkohl und Erbsen

Zutaten für 8 Personen

Für die Hühnersuppe:

1 Freilandhähnchen (ca. 1,4 kg)

3 1/2 – 4 l Gemüsebrühe

1 1/2 Zwiebeln

1 Karotte

120 g Knollensellerie

1/2 braune Zwiebel

1 Lorbeerblatt

1/2 TL Pimentkörner

1/2 – 1 TL schwarze Pfefferkörner

Außerdem:

200 g Blumenkohl · Salz

100 ml Weißwein

200 g Sahne

1–2 EL Speisestärke

40 g kalte Butter

20 g Krebspaste (aus der Tube)

5 Stiele Petersilie

1–2 Blätter Liebstöckel

2 Streifen unbehandelte
Zitronenschale

1 halbierte Knoblauchzehe

2 Scheiben Ingwer · Salz

frisch geriebene Muskatnuss

mildes Chilipulver

80 g Tiefkühl-Erbsen (aufgetaut)

1 Für die Hühnersuppe das Freilandhähnchen sorgfältig waschen und die Fettdrüsen am Schwanz (Sterzel) herausschneiden. Das Hähnchen in einen ausreichend großen Topf geben und mit der Brühe bedecken. Die Brühe langsam aufkochen lassen, den dabei aufsteigenden Schaum mit dem Schaumlöffel abnehmen. Das Hähnchen knapp unter dem Siedepunkt etwa 1 1/2 Stunden garen.

2 Eine Zwiebel schälen und in grobe Stücke schneiden. Karotte und Sellerie putzen und schälen, die Karotte längs halbieren, den Sellerie in grobe Stifte schneiden. Die ungeschälte Zwiebelhälfte auf der Schnittfläche in einer unbeschichteten Pfanne ohne Fett braun rösten. Die geröstete Zwiebelhälfte mit dem Lorbeerblatt, dem Piment- und Pfefferkörnern sowie dem restlichen Gemüse nach etwa 45 Minuten zur Brühe geben.

3 Das Hähnchen aus der Brühe heben, die Brustfilets und Keulen auslösen und von Knochen und Haut befreien. Das Hähnchenfleisch mit den Karotten und dem Sellerie in 1 bis 1 1/2 cm große Stücke schneiden.

4 Die Brühe durch ein feines Sieb gießen und für die Suppe 1,3 l abmessen (die restliche Brühe zum späteren Gebrauch einfrieren). Den Blumenkohl putzen und waschen, in einzelne Röschen teilen und in kochendem Salzwasser bissfest garen. In ein Sieb abgießen, kalt abschrecken und abtropfen lassen.

5 Den Wein in einem Topf auf ein Drittel einköcheln lassen. Die abgemessene Hühnerbrühe dazugießen, die Sahne hinzufügen und erhitzen. Die Speisestärke mit wenig kaltem Wasser glatt rühren und nach und nach unter die Suppe rühren, bis sie leicht bindet. Die Butter und die Krebspaste mit dem Stabmixer unterrühren. Petersilie, klein gezupften Liebstöckel, Zitronenschale, Knoblauch und Ingwer dazugeben, knapp unter dem Siedepunkt 5 Minuten in der Suppe ziehen lassen und wieder entfernen. Die Suppe mit Salz, Muskatnuss und 1 Prise Chilipulver abschmecken.

6 Das Hühnerfleisch mit der Karotte, dem Sellerie, dem Blumenkohl und den Erbsen in der Suppe erhitzen, aber nicht kochen lassen. In vorgewärmten tiefen Tellern oder Schälchen anrichten und nach Belieben mit Petersilie garniert servieren.

Festtagssuppe
mit Maultaschen und Flädle

Zutaten für 4 Personen

2 EL Öl

1,2 kg Rindertafelspitz

2 braune Zwiebeln

2 kleine Karotten

200 g Knollensellerie

150 g Lauch · 2 Lorbeerblätter

1 TL Pimentkörner

1/2 TL schwarze Pfefferkörner

1 TL Korianderkörner

1 getrocknete rote Chilischote

3 Wacholderbeeren

3 Scheiben Ingwer

1 Für die Suppe das Öl in einer tiefen Pfanne erhitzen und den Tafelspitz darin bei mittlerer Hitze rundum anbraten. Etwa 3 l Wasser angießen, sodass das Fleisch gut bedeckt ist, und das Fleisch bei milder Hitze knapp unter dem Siedepunkt 2 Stunden garen.

2 Die ungeschälten Zwiebeln halbieren, auf den Schnittflächen in einer unbeschichteten Pfanne ohne Fett braun rösten und in die Suppe geben. Die Karotte und den Sellerie putzen und schälen, den Lauch putzen und waschen. 1 Karotte, 150 g Sellerie und 100 g Lauch halbieren, zur Suppe geben und diese 1 weitere Stunde ziehen lassen. Die Lorbeerblätter, die Piment-, Pfeffer- und Korianderkörner, die Chilischote, die Wacholderbeeren und den Ingwer 30 Minuten vor Garzeitende dazugeben.

3 Das Fleisch herausheben und die Brühe vorsichtig durch ein feines Sieb gießen. Das Fleisch in 1 1/2 cm große Würfel schneiden.

4 Das restliche Gemüse zuerst in dünne Scheiben, dann in Rauten schneiden. Die Gemüserauten wenige Minuten in der Suppe gar ziehen lassen. Als Suppeneinlage Maultaschen und Flädle zubereiten.

Maultaschen

Für den Nudelteig:

100 g doppelgriffiges Mehl

1 Ei · 1 EL Olivenöl

Salz · Mehl zum Ausrollen

Für die Füllung:

1 Scheibe Toastbrot

2–3 EL Milch

1 Zwiebel

40 g gut durchwachsener Speck

100 g Blattspinat · Salz

100 g Kalbshackfleisch

1 Für den Nudelteig das Mehl, das Ei, das Olivenöl und 1 Prise Salz zu einem glatten Teig verkneten. Den Teig in Frischhaltefolie wickeln und im Kühlschrank etwa 30 Minuten ruhen lassen.

2 Für die Füllung das Brot in kleine Würfel schneiden und in der Milch einweichen. Die Zwiebel und den Speck in feine Würfel schneiden. Den Speck in einer Pfanne bei milder Hitze anbraten, die Zwiebelwürfel hinzufügen und glasig dünsten.

3 Die Spinatblätter verlesen, waschen und trocken schleudern, grobe Stiele entfernen. In kochendem Salzwasser bissfest blanchieren, in ein Sieb abgießen, kalt abschrecken und abtropfen lassen. Mit den Händen das überschüssige Wasser gut ausdrücken und den Spinat hacken.

75 g Bratwurstbrät
1 Eigelb
1 TL scharfer Senf
Pfeffer aus der Mühle
1 Msp. abgeriebene
unbehandelte Zitronenschale
frisch geriebene Muskatnuss

Außerdem:
1 verquirltes Eiweiß
Salz

4 Das Hackfleisch mit dem Wurstbrät, dem eingeweichten Brot, dem Eigelb, dem Spinat, den Speck- und Zwiebelwürfeln und dem Senf mischen. Mit Salz, Pfeffer, Zitronenschale und Muskatnuss würzen.

5 Den Nudelteig mithilfe der Nudelmaschine oder mit dem Nudelholz in nicht zu dünne, 7 bis 8 cm breite Bahnen ausrollen, dabei mit etwas Mehl bestäuben. Jede Teigbahn nach dem Ausrollen mit Frischhaltefolie bedecken.

6 Die Hackfleischmasse in einen Spritzbeutel mit Lochtülle (etwa 1 1/2 cm Durchmesser) füllen. Jede Teigbahn mit dem verquirlten Eiweiß bestreichen, dann auf das untere Drittel jeder Bahn etwas Füllung in einem langen Strang aufspritzen. Die gefüllten Nudelbahnen der Länge nach aufrollen. Die Teigrollen mithilfe eines Kochlöffelstiels in 2 cm große Stücke unterteilen. Die Maultaschen an den flach gedrückten Stellen durchschneiden und die Teigenden jeweils etwas andrücken. Die Maultaschen in einem Topf in leicht siedendem Salzwasser 5 bis 8 Minuten gar ziehen lassen.

Flädle

70 g Mehl
170 ml Milch
2 Eier
3–4 EL zerlassene
lauwarme Butter
1 EL frisch geschnittene Kräuter
(z. B. Petersilie, Dill,
Kerbel, Basilikum)
Salz · Pfeffer aus der Mühle
frisch geriebene Muskatnuss
Öl zum Backen

1 Für die Flädle das Mehl mit der Milch verrühren, die Eier vermischen und alles zu einem glatten Teig verarbeiten. Die zerlassene Butter mit den Kräutern unterrühren, mit Salz, Pfeffer und Muskatnuss würzen. Den Teig etwa 30 Minuten ruhen lassen.

2 Etwas Öl in einer Pfanne bei milder Hitze erhitzen. Mit dem Schöpflöffel Teig hineingeben und die Pfanne so schwenken, dass der Teig dünn verteilt ist. Sobald eine Seite goldbraun gebacken ist, den Pfannkuchen wenden und die zweite Seite braun backen. Den Pfannkuchen herausnehmen und den restlichen Teig genauso verarbeiten. Fertige Pfannkuchen aufeinanderlegen, damit sie nicht austrocknen. Die Pfannkuchen bei Bedarf in etwa 1/2 cm breite Flädle schneiden.

3 Zum Anrichten etwas Muskatnuss in vorgewärmte tiefe Teller reiben und die Suppe mit den Gemüserauten daraufgießen. Flädle, Maultaschen und Fleisch hineingeben. Nach Belieben mit Schnittlauchröllchen bestreuen und etwas Meerrettich in feinen Spänen darüberhobeln.

Graupensuppe
mit Liebstöckel

Zutaten für 4 Personen

1 ¹/₂ l Hühnerbrühe oder
Geflügelfond
1 Zwiebel · 1 Lorbeerblatt
1 Gewürznelke
100 g Perlgraupen
¹/₂ Karotte
80 g Knollensellerie
80 g Lauch (der helle Teil)
100 g Frühstücksspeck
1 EL Öl
2 Streifen unbehandelte
Zitronenschale
2–3 Stiele Petersilie
1 halbierte Knoblauchzehe
1 Scheibe Ingwer
Salz · Pfeffer aus der Mühle
mildes Chilipulver
frisch geriebene Muskatnuss
1 EL Petersilie (frisch geschnitten)
2 Blätter Liebstöckel

1 Die Brühe oder den Fond in einem Topf aufkochen. Die Zwiebel schälen, das Lorbeerblatt darauflegen und mit der Nelke feststecken. Die Graupen in ein Sieb geben, waschen und abtropfen lassen. Die gespickte Zwiebel mit den Graupen in die Brühe geben und bei milder Hitze etwa 45 Minuten sanft köcheln lassen.

2 In der Zwischenzeit die Karotte, den Sellerie und den Lauch putzen und waschen bzw. schälen und in möglichst kleine Würfel schneiden. Den Speck in kleine Würfel schneiden. Das Öl in einer Pfanne erhitzen und den Speck darin kross braten. Herausnehmen und auf Küchenpapier abtropfen lassen.

3 Die Gemüsewürfel gegen Ende der Garzeit in die Suppe geben. Die Zitronenschale, die Petersilienstiele, den Knoblauch und den Ingwer hineingeben, einige Minuten in der Suppe ziehen lassen und wieder entfernen. Die Suppe mit Salz, Pfeffer, 1 Prise Chilipulver und Muskatnuss würzen, den Speck, die Petersilie und den Liebstöckel unterrühren. Die Graupensuppe in vorgewärmten tiefen Tellern servieren und nach Belieben mit wenig Olivenöl beträufeln.

Schuhbecks Küchentipp

Da Liebstöckel ein sehr intensives Gewürz ist, sollte es nur in kleinen Mengen verwendet werden. Besonders gut passt es in Fleisch- und Gemüsesuppen und verleiht Kartoffelgerichten wie Rösti oder Kräutermarinaden eine feine Note. Liebstöckel behält selbst im getrockneten Zustand seinen kräftigen Geschmack.

Schnüsch
mit Kohlrabi und Schinken

Zutaten für 4 Personen

200 g grüne Bohnen · Salz

200 g Karotten

350 g Kohlrabi

300 g festkochende Kartoffeln

800 ml Hühnerbrühe oder

Geflügelfond

200 g Sahne

200 g Tiefkühl-Erbsen

1 EL Speisestärke

Pfeffer aus der Mühle

1/2 TL getrocknetes Bohnenkraut

mildes Chilipulver

1 halbierte Knoblauchzehe

1 Scheibe Ingwer

2 Stiele Petersilie

1 Streifen unbehandelte

Zitronenschale

40 g kalte Butter

1 EL Petersilie

(frisch geschnitten)

100 g Katenrauchschinken

(in dünnen Scheiben; ersatz-

weise anderer Rauchschinken)

frisch geriebene Muskatnuss

1 Die Bohnen putzen, waschen und in etwa 3 cm lange Stücke schneiden. Die Bohnen in einem Topf in kochendem, stark gesalzenem Wasser weich garen. In ein Sieb abgießen, kalt abschrecken und abtropfen lassen.

2 Die Karotten und die Kohlrabi putzen und schälen. Die Kartoffeln schälen, waschen und alles in 1 bis 1 1/2 cm große Stücke schneiden. Mit der Brühe in einem Topf knapp unter dem Siedepunkt 20 bis 30 Minuten weich garen. Dann die Sahne hinzufügen, die Bohnen und Erbsen dazugeben und kurz erhitzen.

3 Die Speisestärke mit wenig kaltem Wasser glatt rühren und nach und nach in den leicht köchelnden Eintopf rühren, bis er leicht gebunden ist. Mit Salz, Pfeffer, Bohnenkraut und 1 Prise Chilipulver würzen. Knoblauch, Ingwer, Petersilienstiele und Zitronenschale dazugeben, einige Minuten ziehen lassen und wieder entfernen.

4 Die Suppe durch ein Sieb gießen und die kalte Butter mit dem Stabmixer unterrühren. Das Gemüse wieder dazugeben, gegebenenfalls etwas nachwürzen und die Petersilie hinzufügen.

5 Den Schinken in Streifen schneiden. Etwas Muskatnuss in vorgewärmte tiefe Teller reiben und die Suppe darauf verteilen. Den Schinken über den Eintopf streuen und nach Belieben mit Petersilienblättern garniert servieren.

Schuhbecks Küchentipp

Je nach Vorliebe können Sie diesen Eintopf statt mit Schinken auch mit Matjesstücken anrichten. Diese dürfen auf keinen Fall mitgekocht werden. Traditionell werden Schinken und Matjes sogar separat zu dem Gericht serviert.

Rahmsuppe von Wurzelgemüse
mit Rostbratwürsteln

Zutaten für 4 Personen

1 Zwiebel
100 g Knollensellerie
je 1/2 gelbe und
orangefarbene Karotte
50 g Lauch
70 ml Weißwein
1/2 l Gemüsebrühe
1–2 Lorbeerblätter
2 EL Pfefferkörner
1 EL Korianderkörner
1/2 TL Pimentkörner
Wacholderbeeren (angedrückt)
1 TL Butter
80 g Sahne
2 TL süßer Senf
2 TL Sahnemeerrettich
(aus dem Glas)
20 g kalte Butter
Salz · mildes Chilipulver
1–2 EL Öl
12 Nürnberger Rostbratwürstel

1 Die Zwiebel schälen, den Sellerie und die Karotten putzen und schälen und alles in 6 bis 8 cm lange, dünne Streifen schneiden. Den Lauch putzen und waschen, zunächst in 6 bis 8 cm lange Stücke, dann ebenfalls in dünne Streifen schneiden.

2 Die Zwiebel-, Sellerie- und Karottenstreifen in einem Topf bei milder Hitze ohne Fett kurz andünsten und mit dem Wein ablöschen. Den Wein einköcheln lassen, dann die Brühe angießen. Die Lorbeerblätter dazugeben, 1 TL Pfeffer-, 1/2 TL Koriander- und die Pimentkörner sowie die Wacholderbeeren in ein Gewürzsäckchen füllen, das Säckchen verschließen und ebenfalls hinzufügen. Die Suppe erhitzen und knapp unter dem Siedepunkt 20 Minuten ziehen lassen. Das Gewürzsäckchen wieder entfernen.

3 Die Hälfte der Gemüsestreifen mit dem Schaumlöffel herausnehmen und mit den Lauchstreifen in einer Pfanne bei milder Hitze in der Butter andünsten. Die restlichen Pfeffer- und Korianderkörner in die Gewürzmühle füllen und das Gemüse damit würzen.

4 Die Sahne, den Senf und den Sahnemeerrettich zur Suppe geben. Die Suppe mit dem Stabmixer aufschäumen und die kalte Butter untermixen. Mit Salz und Chilipulver abschmecken.

5 Das Öl in einer Pfanne erhitzen und die Rostbratwürstel darin rundum braten. Die Gemüsestreifen in vorgewärmte tiefe Teller geben, die Suppe rundherum verteilen und die Würstel darauf anrichten.

Schuhbecks Küchentipp

In diesem Fall ist es sehr praktisch, ein Gewürzsäckchen zu verwenden – so kann man die einzelnen Gewürze problemlos aus der Suppe entfernen. Statt eines Gewürzsäckchens kann man auch ein Tee-Ei, einen Einweg-Teebeutel, ein Mulltuch oder Küchenpapier verwenden, das mit einer Klammer verschlossen oder mit Küchengarn zugebunden wird.

Linseneintopf
mit Würstchen

Zutaten für 4 Personen

1 Zwiebel · 2 EL Öl

300 g Berglinsen

(kleine grüne Linsen)

1 EL Tomatenmark

$1/8$ l kräftiger Rotwein

$1^1/2$ l Hühnerbrühe oder

Geflügelfond

je 60 g Karotte, Knollensellerie

und Lauch

$1/2$–1 TL getrockneter Majoran

100 g geräucherter Bauchspeck

1 halbierte Knoblauchzehe

2 Scheiben Ingwer

1 kleiner Splitter Zimtrinde

1 kleiner Streifen unbehandelte

Orangenschale

Salz · mildes Chilipulver

4 Wiener Würstchen

1 EL Petersilie (frisch geschnitten)

1 Die Zwiebel schälen und in feine Würfel schneiden. In einem Topf 1 EL Öl erhitzen und die Zwiebelwürfel darin bei milder Hitze glasig dünsten. Die Linsen dazugeben, das Tomatenmark unterrühren und kurz anrösten. Mit dem Wein ablöschen und alles sämig einköcheln lassen. Die Brühe dazugießen und 45 bis 50 Minuten mehr ziehen als köcheln lassen.

2 Karotte und Sellerie putzen und schälen, den Lauch putzen und waschen. Alles in kleine Würfel schneiden, mit 1 Prise Majoran zur Suppe geben und 5 Minuten mitgaren.

3 Den Speck in kleine Würfel schneiden. Das restliche Öl in einer Pfanne erhitzen und den Speck darin kross braten. Aus der Pfanne nehmen und auf Küchenpapier abtropfen lassen.

4 Den Knoblauch, den Ingwer, den Zimt und die Orangenschale in ein Gewürzsäckchen geben, das Säckchen verschließen und in den Eintopf geben. Den Speck hinzufügen und mit den Eintopf mit Salz und 1 Prise Chilipulver abschmecken. Die Gewürze einige Minuten in der Suppe ziehen lassen, das Gewürzsäckchen wieder entfernen.

5 Die Würstchen in Scheiben schneiden und im Eintopf heiß werden lassen – den Eintopf aber nicht mehr kochen lassen. Vor dem Servieren die Petersilie und nach Belieben 1 EL braune Butter (siehe Tipp unten) unterrühren.

Schuhbecks Küchentipp

Braune Butter kann man gut in größeren Mengen auf Vorrat zubereiten: Einfach 250 g Butter in einem kleinen Topf zerlassen und langsam erhitzen, bis sie goldbraun ist und ein nussiges Aroma hat. Den Topf vom Herd nehmen und die Butter durch ein mit Küchenpapier ausgelegtes Sieb gießen. In ein gut verschließbares Glas füllen und bis zur Verwendung im Kühlschrank aufbewahren.

Erbsensuppe
mit Speck und Minze

Zutaten für 4 Personen

300 g Tiefkühl-Erbsen
1 Zwiebel · 2 EL Öl
50 ml Weißwein
800 ml Gemüsebrühe
200 g Sahne
Salz · Zucker
mildes Chilipulver
frisch geriebene Muskatnuss
100 g Frühstücksspeck
4 Minzeblätter zum Garnieren

1 Die Erbsen auftauen lassen. Die Zwiebel schälen und in feine Würfel schneiden. In einem Topf 1 EL Öl erhitzen und die Zwiebelwürfel darin bei mittlerer Hitze glasig dünsten. Den Wein hinzufügen und fast vollständig einköcheln lassen.

2 Die Brühe dazugießen und knapp unter dem Siedepunkt 15 Minuten ziehen lassen. Die Erbsen hinzufügen und 3 bis 5 Minuten in der Brühe erhitzen. Die Sahne unterrühren und alles mit dem Stabmixer fein pürieren. Die Suppe nochmals kurz erhitzen und mit Salz, je 1 Prise Zucker und Chilipulver sowie Muskatnuss würzen.

3 Den Speck in 1 cm breite Streifen schneiden. Das restliche Öl in einer Pfanne erhitzen und den Speck darin kross braten. Aus der Pfanne nehmen und auf Küchenpapier abtropfen lassen.

4 Die Suppe nochmals kurz mit dem Stabmixer aufschäumen und auf vorgewärmte tiefe Teller verteilen. Den Speck überstreuen und die Suppe mit Minzeblättern garniert servieren.

Schuhbecks Küchentipp

Natürlich kann man die Suppe auch mit frischen gepalten Erbsen zubereiten. Dafür die Erbsen einige Minuten in Salzwasser blanchieren, kalt abschrecken und dann gut abgetropft unter die Suppe mixen. Die Erbsensuppe sollten Sie möglichst sofort servieren – dann behält sie ihre kräftige grüne Farbe. Will man die Suppe vorbereiten, stellt man die Rahmsuppe ohne die Erbsen fertig, erhitzt sie bei Bedarf und mixt erst dann die Erbsen unter.

Soljanka
mit Schmand und Petersilie

Zutaten für 4–6 Personen

250 g Zwiebeln
2 rote Paprikaschoten
100 g Schinkenspeck
(in Scheiben)
1 EL Öl · 100 g Tomatenmark
800 ml Hühnerbrühe oder
Geflügelfond
100 ml Gewürzgurkensud
1 Lorbeerblatt
1 TL gelbe Senfkörner
100 g gegartes Fleisch (z. B. Rind-
fleisch, Putenbrust, Hähnchen-
fleisch oder Schweinebraten)
je 100 g Kasseler und Salami
100 g Wurst (z. B. Jagdwurst,
Geflügelwurst oder Kochsalami)
50 g Gewürzgurke
Piment aus der Mühle
mildes Chilipulver
Pfeffer aus der Mühle
1 TL Paprikapulver (edelsüß)
1 gehackte Knoblauchzehe
1 Msp. abgeriebene unbehandelte
Zitronenschale
1 EL Petersilie (frisch geschnitten)
Salz · 4–6 EL Schmand
Dill oder Petersilie zum Garnieren

1 Die Zwiebeln schälen und in 1 bis 1 1/2 cm breite Streifen schneiden. Die Paprikaschoten längs halbieren, entkernen, waschen und in gleich große Stücke schneiden. Den Speck in 1 cm breite Streifen schneiden.

2 Das Öl in einem Topf erhitzen. Die Zwiebelstreifen und die Paprika- stücke darin bei mittlerer Hitze andünsten. Das Tomatenmark unter- rühren und bei milder Hitze kurz anrösten. Den Speck dazugeben, die Brühe und den Gewürzgurkensud dazugießen, das Lorbeerblatt hin- zufügen und die Senfkörner hineinstreuen. Den Eintopf erhitzen und knapp unter dem Siedepunkt 5 Minuten ziehen lassen.

3 Inzwischen das gegarte Fleisch, das Kasseler, die Salami und die Wurst ebenso wie die Gewürzgurken in 1/2 bis 1 cm große Würfel schneiden. In den Eintopf geben und mit je 1 Prise Piment und Chili- pulver sowie Pfeffer würzen.

4 Alle Zutaten erhitzen, aber nicht kochen lassen. Das Paprikapulver mit wenig Wasser glatt rühren und mit dem Knoblauch in den Eintopf geben. Den Eintopf mit der Zitronenschale verfeinern und die ge- schnittene Petersilie unterrühren. Den Eintopf pikant abschmecken und nach Belieben noch mit Salz würzen.

5 Die Soljanka in vorgewärmten tiefen Tellern anrichten, je 1 EL Schmand daraufsetzen und mit Dill oder Petersilie garniert servieren.

Schuhbecks Küchentipp

Die Soljanka ist besonders in der kälteren Jahreszeit ein beliebter Magenwärmer, man kann sie aber auch sehr gut als Partysuppe oder Mitternachtsimbiss servieren. Nach Belieben können Sie den Eintopf statt mit den oben aufgeführten Gewürzen mit Gulaschgewürz verfeinern.

Pfifferlingsuppe
mit Kräuterknödeln

Zutaten für 4 Personen

Für die Suppe:

1 kleine Zwiebel · 2 EL Öl

1/2 l Gemüsebrühe

1 kleines Lorbeerblatt

3 EL getrocknete Egerlinge

150 g Sahne

1–2 TL Speisestärke

20 g kalte Butter

1 Streifen unbehandelte
Zitronenschale

1 halbierte Knoblauchzehe

Salz · Pfeffer aus der Mühle

gemahlener Kümmel

Cayennepfeffer

400 g Pfifferlinge

1 EL Petersilie

(grob geschnitten)

Für die Knödel:

1/2 Zwiebel · 1 EL Öl · 3 Eier

2 EL frisch geschnittene Kräuter

(z. B. Petersilie, Basilikum,
Kerbel, Bärlauch)

80 g Quark

Salz · Pfeffer aus der Mühle

mildes Chilipulver

frisch geriebene Muskatnuss

250 g Toastbrot

1 Lorbeerblatt

1 Streifen unbehandelte
Zitronenschale

1 getrocknete rote Chilischote

1 Für die Suppe die Zwiebel schälen und in feine Würfel schneiden. In einem Topf 1 EL Öl erhitzen und die Zwiebelwürfel darin glasig dünsten. Die Brühe dazugießen, das Lorbeerblatt hinzufügen und die Zwiebelwürfel etwa 10 Minuten weich garen. Den Topf vom Herd nehmen, die getrockneten Pilze in die Brühe geben und 20 Minuten ziehen lassen. Das Lorbeerblatt entfernen und die Sahne dazugießen. Die Suppe mit dem Stabmixer aufschäumen und durch ein Sieb in einen Topf streichen.

2 Die Speisestärke mit wenig kaltem Wasser glatt rühren, unter die köchelnde Suppe rühren und 2 Minuten leicht köcheln lassen, bis sie leicht bindet. Die kalte Butter untermixen. Die Zitronenschale und den Knoblauch hinzufügen, knapp unter dem Siedepunkt 3 bis 4 Minuten in der Suppe ziehen lassen und wieder entfernen. Die Suppe mit Salz, Pfeffer sowie je 1 Prise Kümmel und Cayennepfeffer würzen.

3 Die frischen Pilze putzen, trocken abreiben und klein schneiden. In einer Pfanne das restliche Öl erhitzen und die Pilze darin portionsweise bei mittlerer Hitze 1 bis 2 Minuten rundum braten. Mit Salz und Pfeffer würzen und die Petersilie dazugeben. Die Pilze in die Suppe geben. Die Suppe warm halten, bis die Knödel fertig sind.

4 Für die Knödel die Zwiebel schälen, in feine Würfel schneiden und in einer Pfanne im Öl glasig dünsten. Die Eier mit den Kräutern mischen, mit dem Quark verrühren und mit Salz, Pfeffer, 1 Prise Chilipulver und Muskatnuss würzen. Das Toastbrot in 1/2 bis 1 cm große Würfel schneiden und mit den Zwiebeln unter die Quarkmasse rühren.

5 In einem Topf Salzwasser aufkochen lassen, das Lorbeerblatt, die Zitronenschale und die Chilischote hineingeben. Aus der Brotmasse mit angefeuchteten Händen 12 kleine Knödel formen, in das siedende Wasser geben und 12 bis 15 Minuten darin ziehen lassen.

6 Die Kräuterknödel mit dem Schaumlöffel herausheben und abtropfen lassen. Auf vorgewärmten tiefen Tellern anrichten und die Pfifferlingsuppe um die Knödel herum verteilen. Nach Belieben mit Petersilie garniert servieren.

Rügener Aalsuppe
mit Schwarzbrot-Croûtons

Zutaten für 4 Personen

1 kleine Zwiebel
2–3 festkochende Kartoffeln
(ca. 300 g)
1 Karotte
80 g Knollensellerie
800 ml Gemüsebrühe
1 Lorbeerblatt
1 getrocknete rote Chilischote
getrockneter Majoran
gemahlener Kümmel
300 g Räucheraal
1 TL ganzer Kümmel
1 TL Korianderkörner
2 Scheiben Schwarzbrot
(1 cm dick)
1 EL Butter
80 g Sahne · Salz
1 Msp. abgeriebene
unbehandelte Zitronenschale
frisch geriebene Muskatnuss

1 Die Zwiebel schälen, die Kartoffeln schälen und waschen. Die Karotte und den Sellerie putzen und schälen und alles in 1/2 cm große Würfel schneiden.

2 Die Brühe in einem Topf zum Kochen bringen. Das Gemüse mit dem Lorbeerblatt und der Chilischote sowie je 1 Prise Majoran und Kümmel hinzufügen. Das Gemüse in der Brühe knapp unter dem Siedepunkt 20 bis 30 Minuten weich garen.

3 Den Räucheraal häuten und den Tran mit einem Messerrücken entfernen. Die Haut nach Belieben für die klare Suppe (siehe Tipp) beiseitelegen. Die Filets von der Gräte lösen und kleine Gräten entfernen. Die Filets in kleine Stücke schneiden.

4 Den Kümmel und den Koriander in die Gewürzmühle füllen. Das Schwarzbrot in 1 1/2 cm große Würfel schneiden. Die Butter in einer Pfanne erhitzen und die Brotwürfel darin bei mittlerer Hitze rundum goldbraun rösten. Mit der Mischung aus der Mühle würzen.

5 Das Gemüse in ein Sieb abgießen, dabei die Brühe auffangen. Ein Viertel der Gemüsewürfel mit der Sahne wieder in die Brühe geben und mit dem Stabmixer pürieren. Die Suppe mit Salz, Zitronenschale und Muskatnuss würzen.

6 Das restliche Gemüse auf vorgewärmte tiefe Teller verteilen. Die aufgeschäumte Suppe darübergeben und mit den Aalstücken und den Croûtons belegen. Die Suppe nach Belieben mit Dill garniert servieren.

Schuhbecks Küchentipp

Für eine klare Aalsuppe lassen Sie die Räucheraalhaut etwa 10 Minuten in der Suppe mitziehen und entfernen sie dann wieder. Die Suppe unpüriert auf tiefe Teller verteilen, etwas Muskatnuss darüberreiben, die Aalstücke dazugeben und nach Belieben mit Liebstöckel garniert servieren. Übrigens lässt sich Räucheraal leichter häuten und filetieren, wenn er zuvor im 60°C warmen Backofen 20 bis 30 Minuten erwärmt wird.

Fischsuppe
mit Miesmuscheln und Kartoffeln

Zutaten für 4 Personen

Für die Kartoffeln:

300 g festkochende Kartoffeln

1/2 l Gemüsebrühe

Safranfäden · 1 TL gemahlene Kurkuma

1 getrocknete rote Chilischote

1 Lorbeerblatt

Für die Fischsuppe:

1 Zwiebel · 1/2 Karotte

1 Stange Staudensellerie

1/4 Fenchelknolle

1 TL Puderzucker

4 EL Wermut · 80 ml Weißwein

1,2 l Fischfond oder Gemüsebrühe

3 Scheiben Ingwer

1 Knoblauchzehe (in Scheiben)

1/2 TL Fenchelsamen

1 Döschen Safranfäden (0,1 g)

1/2 TL gemahlene Kurkuma

Für die Suppeneinlage:

100 g grüner Spargel · Salz

2 Tomaten · 100 g Grünkohl

12 Miesmuscheln · 80 ml Weißwein

500 g Fischfilet (z. B. Red Snapper, Rotbarsch, Rotbarbe, Seeteufel; ohne Haut und Gräten)

10 geschälte Garnelen

1/2 Vanilleschote

1 Für die Kartoffeln die Kartoffeln schälen, waschen und längs halbieren. Die Brühe mit 1 Prise Safran, Kurkuma, der Chilischote und dem Lorbeerblatt aufkochen und die Kartoffeln darin weich garen.

2 Inzwischen für die Fischsuppe die Zwiebel und die Karotte schälen. Stangensellerie und Fenchel putzen, waschen und alles in grobe Würfel schneiden. Das Gemüse in einem Topf bei milder Hitze ohne Fett anrösten. Den Puderzucker darüberstäuben und leicht karamellisieren. Wermut und Wein dazugießen und etwas einköcheln lassen. Den Fond dazugeben, Ingwer, Knoblauch, Fenchelsamen, Safran und Kurkuma hinzufügen und die Suppe knapp unter dem Siedepunkt etwa 15 Minuten ziehen lassen.

3 Für die Suppeneinlage den Spargel waschen, im unteren Drittel schälen und die holzigen Enden entfernen. Die Spargelstangen jeweils schräg in 2 bis 3 Stücke schneiden. Den Spargel in kochendem Salzwasser bissfest blanchieren, in ein Sieb abgießen, kalt abschrecken und abtropfen lassen.

4 Die Tomaten kreuzweise einritzen, überbrühen, kalt abschrecken, häuten, vierteln und entkernen. Die Grünkohlblätter von den Stielen zupfen, in kochendem Salzwasser 3 bis 4 Minuten blanchieren. In ein Sieb abgießen, kalt abschrecken, abtropfen lassen und das Wasser mit den Händen gut ausdrücken.

5 Die Miesmuscheln unter fließendem kaltem Wasser gründlich abbürsten und geöffnete Exemplare aussortieren. In einem Topf im Wein zugedeckt etwa 1 Minuten garen, bis sie sich geöffnet haben.

6 Das Fischfilet und die Garnelen waschen und trocken tupfen. Die Garnelen am Rücken entlang einschneiden und den dunklen Darm entfernen. Fisch und Garnelen in etwa 3 cm große Stücke schneiden. Salzwasser in einem Topf aufkochen, den Topf vom Herd nehmen und die Fisch- und Garnelenstücke darin 2 Minuten pochieren. Mit dem Schaumlöffel herausheben, mit dem blanchierten Gemüse, den Tomatenwürfeln und der Vanilleschote in die Fischsuppe geben und 1 bis 2 Minuten darin ziehen lassen. Die Vanilleschote entfernen.

7 Die Fischsuppe auf vorgewärmte tiefe Teller verteilen, die Muscheln samt Wein und die Kartoffeln dazugeben. Die Fischsuppe nach Belieben mit Basilikum- und Sellerieblättern sowie Dillspitzen garniert servieren.

Fisch
& Meeresfrüchte

Kabeljau
auf Blattspinat mit Champagner-Safran-Sauce

Zutaten für 4 Personen

Für den Fisch:

Öl · 4 Kabeljaufilets (à 150 g;
mit Haut, ohne Gräten)

1 getrocknete rote Chilischote

1 Lorbeerblatt

1 EL Meersalz · 1 TL Fenchelsamen

je 1 TL Koriander-, schwarze
Pfeffer- und gelbe Senfkörner

1 EL Wacholderbeeren

3 Scheiben Ingwer

Für die Sauce:

1 TL Puderzucker

100 ml Champagner

1 große festkochende Kartoffel
(ca. 100 g)

400 ml Gemüsebrühe

1 Döschen Safranfäden (0,1 g)

gemahlene Kurkuma

150 g Sahne · Salz · Chiliflocken

1/2 TL abgeriebene unbehandelte
Zitronenschale

Für Spinat und Krabben:

800 g Blattspinat

1 Zwiebel

2 EL Butter · Salz · Chilisalz

1/2 TL abgeriebene unbehandelte
Zitronenschale

100 g Tiefkühl-Nordseekrabben

80 g gut durchwachsener
Räucherspeck · 2–3 EL Öl

1 Für den Fisch einen Dämpfeinsatz (z. B. ein Bambuskörbchen) mit etwas Öl einfetten. Die Fischfilets waschen, trocken tupfen und mit der Haut nach oben in den Dämpfeinsatz legen. Für den Sud alle Gewürze mit 1/2 l Wasser in einen Topf geben. Das Wasser erhitzen und das Körbchen so in den Topf setzen, dass die Fischfilets nicht mit dem Wasser in Berührung kommen. Die Fischfilets in leichtem Dampf etwa 8 Minuten gar ziehen lassen.

2 Für die Sauce den Puderzucker in einem Topf hell karamellisieren, mit dem Champagner ablöschen und einkochen lassen.

3 Die Kartoffel schälen, waschen und in 1 cm große Würfel schneiden. Die Kartoffelwürfel in der Brühe mit dem Safran und 1 Prise Kurkuma weich garen. Mit dem Stabmixer pürieren, die Champagnerreduktion zur Kartoffelsauce geben, die Sahne hinzufügen und die Sauce mit Salz, 1 Prise Chiliflocken und Zitronenschale würzen.

4 Für den Spinat die Spinatblätter verlesen, waschen und trocken schleudern, grobe Stiele entfernen. Die Zwiebel schälen und in feine Würfel schneiden. In einer Pfanne 1 EL Butter erhitzen und die Zwiebel darin andünsten. Den Spinat dazugeben und zusammenfallen lassen, mit Salz, Chilisalz und Zitronenschale würzen.

5 Die Krabben auftauen lassen, kalt abbrausen und trocken tupfen. Den Speck in etwa 2 cm breite Streifen schneiden. Das Öl in einer Pfanne erhitzen, den Speck darin bei mittlerer Hitze knusprig braten und auf Küchenpapier abtropfen lassen. Die Krabben in einer Pfanne in der restlichen Butter erhitzen und mit dem Speck mischen.

6 Den Spinat auf vorgewärmte Teller verteilen, die Champagner-Safran-Sauce darübergeben und den Kabeljau auf dem Spinat anrichten. Den Speck und die Krabben darübergeben.

Schuhbecks Küchentipp

Safran ist ein wasserlösliches Gewürz, dessen Farbe und Geschmack sich am besten in Flüssigkeiten entwickelt, die kein oder zumindest wenig Fett enthalten. Deshalb wird für die Champagnersauce der Safran auch zuerst in Brühe aufgelöst, bevor anschließend die Sahne dazukommt.

Gebratene Makrele
in süßsaurem Zitronensud

Zutaten für 4 Personen

150 g Lauch
1 Schwarzwurzel
2 kleine Karotten (170 g)
je 1 TL Wacholderbeeren,
gelbe Senf-, Piment-, Koriander-
und schwarze Pfefferkörner
1 EL Puderzucker
Saft von 1 Zitrone (ca. 50 ml)
400 ml Gemüsebrühe
1 Lorbeerblatt
2 getrocknete rote Chilischoten
je 2 Stiele Dill und Petersilie
1 halbierte Knoblauchzehe
2 Scheiben Ingwer
2–3 Streifen unbehandelte
Zitronenschale
Salz · Pfeffer aus der Mühle
1 EL Zucker
4 Makrelenfilets (à ca. 100 g;
mit Haut, ohne Gräten)
4 EL doppelgriffiges Mehl
1–2 EL Öl
2 EL mildes Olivenöl

1 Den Lauch putzen, waschen und quer in etwa $1/2$ cm breite Streifen schneiden. Die Schwarzwurzel unter fließendem kaltem Wasser bürsten, schälen und schräg in dünne Scheiben schneiden. Die Karotten putzen, schälen und ebenfalls schräg in dünne Scheiben schneiden.

2 Wacholderbeeren, Senf-, Piment-, Koriander- und Pfefferkörner in einem Topf ohne Fett bei milder Hitze etwa 1 Minute anrösten, bis sie zu duften beginnen. In ein Gewürzsäckchen füllen und das Säckchen verschließen.

3 Den Puderzucker in einer breiten, tiefen Pfanne bei milder Hitze hell karamellisieren und das Gemüse darin glasig dünsten. Mit Zitronensaft ablöschen und die Brühe angießen. Das Lorbeerblatt mit dem Gewürzsäckchen, den Chilischoten, den Dill- und Petersilienstielen, Knoblauch, Ingwer und Zitronenschale dazugeben, erhitzen und knapp unter dem Siedepunkt 10 Minuten ziehen lassen. Das Gewürzsäckchen wieder entfernen und den Sud mit Salz, Pfeffer und Zucker herzhaft würzen.

4 Die Makrelenfilets waschen und trocken tupfen, jeweils halbieren und auf der Hautseite mit Mehl bestäuben. Das Öl in einer Pfanne erhitzen und die Fischfilets darin auf der Hautseite bei mittlerer Hitze etwa 2 Minuten kross anbraten. Die Fischfilets herausheben, mit der rohen Seite nach unten in den heißen Zitronensud legen und 4 bis 5 Minuten glasig durchziehen lassen.

5 Je 2 Fischstücke mit etwas Gemüse in vorgewärmten tiefen Tellern anrichten, mit etwas Olivenöl beträufeln und nach Belieben mit Dill und Petersilie garnieren.

Schuhbecks Küchentipp

Dieses Gericht lässt sich gut vorbereiten und eignet sich deshalb ideal als Partygericht, für einen Brunch, ein Büfett oder als kalte Vorspeise. Die Makrelen einfach zugedeckt im Kühlschrank durchziehen lassen. Sie sollten sie jedoch einige Stunden vor dem Servieren herausnehmen, um das Gericht etwas zu temperieren.

Matjes
in Apfel-Curry-Rahm

Zutaten für 4 Personen

2–3 TL mildes Currypulver

6 EL Gemüsebrühe

400 g Schmand oder
Crème fraîche

1 TL abgeriebene unbehandelte
Limettenschale

Salz · Zucker

mildes Chilipulver

einige Spritzer Limettensaft

1 säuerlicher Apfel

2 Gewürzgurken

4 Frühlingszwiebeln

8 doppelte Matjesfilets
(à ca. 100 g; mit Haut,
ohne Gräten)

1 Das Currypulver in einem kleinen Topf in etwas Brühe erwärmen. Den Schmand (oder die Crème fraîche) mit dem Currypulver und der Limettenschale in einer Schüssel glatt rühren. Den Curryrahm mit Salz, je 1 Prise Zucker und Chilipulver sowie einigen Spritzern Limettensaft kräftig abschmecken.

2 Den Apfel waschen, vierteln und das Kerngehäuse entfernen. Die Apfelviertel ebenso wie die Gewürzgurken in höchstens 1/2 cm dicke Scheiben schneiden. Die Frühlingszwiebeln putzen, waschen und in Ringe schneiden.

3 Die Apfel- und die Gewürzgurkenscheiben mit den Frühlingszwiebelringen und dem Curryrahm mischen und gegebenenfalls mit etwas Salz nachwürzen.

4 Die Matjesfilets waschen und trocken tupfen. Je 1 Matjesdoppelfilet auf einem Teller anrichten, den Apfel-Curry-Rahm darübergeben und nach Belieben mit Frühlingszwiebelringen garnieren. Dazu schmecken am besten Salzkartoffeln.

Schuhbecks Küchentipp

Currypulver sollte zum Würzen von kalten Speisen immer zuerst in etwas heiße, fettarme Brühe gerührt werden. Dabei lösen sich die Farb- und Geschmacksstoffe, sodass das Gericht eine gleichmäßig gelbe Farbe annimmt und ein kräftiges Aroma bekommt. Der Curryrahm kann nach Belieben noch mit etwas Gemüsebrühe oder Apfelsaft verdünnt werden.

Gebackener Fisch
mit Grünkohl-Kartoffel-Salat

Zutaten für 4 Personen

Für den Salat:

1 kg vorwiegend festkochende Kartoffeln · Salz

1/2 EL ganzer Kümmel

1 kleine Zwiebel

2 EL Öl

400 ml Hühnerbrühe oder Geflügelfond

3 EL Rotweinessig

1 EL scharfer Senf

Chiliflocken · Zucker

3 EL braune Butter (siehe Tipp S. 46)

400 g Grünkohl

Für den Fisch:

je 1 EL schwarze Pfeffer- und Korianderkörner

2 Eier · 100 g Mehl

150 ml Bier

4 EL braune Butter · Salz

500 g Seelachs- oder Rotbarschfilet (ohne Haut und Gräten)

Öl zum Frittieren

mildes Chilisalz

einige Spritzer Zitronensaft

Mehl zum Wenden

1 Für den Salat die Kartoffeln waschen und in Salzwasser mit dem Kümmel weich garen. Abgießen und kurz ausdampfen lassen. Die Kartoffeln möglichst heiß pellen, in dünne Scheiben schneiden und in eine Schüssel geben.

2 Die Zwiebel schälen und in feine Würfel schneiden. In einer Pfanne 1 EL Öl erhitzen und die Zwiebel darin bei milder Hitze glasig dünsten. Die Zwiebelwürfel zu den Kartoffeln geben. Die Brühe erhitzen, mit Essig und Senf verrühren und mit Salz sowie je 1 Prise Chiliflocken und Zucker würzen. Eine Handvoll Kartoffeln unterrühren. Dann nach und nach die restlichen Kartoffelscheiben untermischen, bis die Flüssigkeit vollständig aufgenommen worden ist. Zuletzt die braune Butter untermischen.

3 Den Grünkohl waschen, die Blätter von den Stielen zupfen und in kochendem Salzwasser 3 bis 4 Minuten blanchieren. Abgießen, kalt abschrecken und abtropfen lassen. Aus den Blättern das Wasser gut ausdrücken und den Grünkohl unter den Kartoffelsalat ziehen. Gegebenenfalls noch etwas nachwürzen.

4 Für den Fisch die Pfeffer- und Korianderkörner in die Gewürzmühle füllen. Die Eier trennen. Das Mehl mit dem Bier und den Eigelben glatt rühren, mit der Mischung aus der Mühle würzen und zuletzt die braune Butter unterrühren. Die Eiweiße mit 1 Prise Salz zu einem cremigen Schnee schlagen. Den Eischnee locker und gleichmäßig unter den Teig heben.

5 Zum Frittieren reichlich Öl in einem Topf auf 170 °C erhitzen. Die Fischfilets waschen und trocken tupfen, mit Chilisalz würzen und mit Zitronensaft beträufeln. Das Mehl in einen tiefen Teller geben. Die Filets zunächst im Mehl wenden und dann durch den Backteig ziehen. Im heißen Öl 4 bis 5 Minuten goldbraun backen, dabei einmal Wenden und auf Küchenpapier abtropfen lassen. Den gebackenen Fisch mit dem Kartoffelsalat und nach Belieben mit Remouladensauce (siehe Seite 17) servieren.

Pannfisch
mit Bratkartoffeln und Senfsauce

Zutaten für 4 Personen

Für die Senfsauce:

1 Schalotte

1–2 TL Öl

100 ml Gemüsebrühe

100 g Sahne

1–2 EL scharfer Senf

20 g kalte Butter

Salz · Pfeffer aus der Mühle

mildes Chilipulver

Für die Bratkartoffeln:

800 g festkochende Kartoffeln

Salz · 1 TL ganzer Kümmel

1 Zwiebel

50 g Frühstücksspeck

2 Gewürzgurken

2–3 EL Öl

Pfeffer aus der Mühle

Für den Fisch:

500 g gemischte Fischfilets

(z. B. Schellfisch, Scholle, Rot-

barsch, Kabeljau; ohne Haut und

Gräten) · 1–2 EL Öl

mildes Chilisalz

2 EL braune Butter

(siehe Tipp S. 46)

einige Spritzer Zitronensaft

1 EL Schnittlauchröllchen

1 Für die Senfsauce die Schalotte schälen und in feine Würfel schneiden. Das Öl in einer Pfanne erhitzen und die Schalotte darin bei milder Hitze glasig dünsten. Die Brühe und die Sahne dazugeben, den Senf unterrühren und erhitzen. Die kalte Butter untermixen und die Sauce mit Salz, Pfeffer und 1 Prise Chilipulver würzen.

2 Für die Bratkartoffeln die Kartoffeln in Salzwasser mit dem Kümmel weich garen. Abgießen, kurz ausdampfen lassen, pellen und auskühlen lassen. Die Kartoffeln in Scheiben schneiden.

3 Die Zwiebel schälen und in Würfel schneiden. Den Speck und die Gewürzgurken ebenfalls in Würfel schneiden. In einer Pfanne 1 EL Öl erhitzen und den Speck darin bei mittlerer Hitze anbraten. Die Zwiebelwürfel dazugeben, glasig dünsten. Beides herausnehmen und auf Küchenpapier abtropfen lassen. Die Pfanne trocken tupfen und die Kartoffeln darin in 1 bis 2 EL Öl anbraten. Zum Schluss die Speck-Zwiebel-Mischung und die Gewürzgurken dazugeben, mit Salz und Pfeffer würzen.

4 Die Fischfilets waschen, trocken tupfen und in etwa 3 cm große Stücke schneiden. In einer Pfanne 1 bis 2 EL Öl erhitzen und die Fischstücke darin 3 bis 4 Minuten braten. Die Pfanne vom Herd nehmen, den Fisch mit Chilisalz würzen und mit brauner Butter und Zitronensaft beträufeln.

5 Die Bratkartoffeln mit den Fischstücken auf vorgewärmten Tellern anrichten, die Senfsauce nochmals aufmixen und um den Fisch und die Bratkartoffeln träufeln. Mit Schnittlauch bestreut servieren.

Schuhbecks Küchentipp

Zum Braten von Fisch eignet sich am besten eine beschichtete Pfanne – darin bleibt er nicht haften und behält seine Form, sofern er sorgfältig gewendet wird. Wer keine beschichtete Pfanne zur Hand hat, sollte den Fisch vor dem Braten gut trocken tupfen, in doppelgriffigem Mehl wenden und dann nicht zu dicht nebeneinander in eine Pfanne mit heißem Öl legen. Den Fisch während der Bratzeit nur einmal wenden!

Gebratene Heringsfilets
mit lauwarmer Paprika-Kapern-Marinade

Zutaten für 4 Personen

Für die Marinade:

je 1 rote und gelbe Paprikaschote

4 Frühlingszwiebeln

1 TL Puderzucker

200 ml Gemüsebrühe

1 halbierte Knoblauchzehe

1 Scheibe Ingwer

1 Zweig Thymian

1 Streifen unbehandelte
Zitronenschale

$1/2$–1 TL scharfer Senf

2–3 EL Weißweinessig

5 EL mildes Olivenöl

Salz · Pfeffer aus der Mühle

mildes Chilipulver

Zucker

1 EL Kapern

Für die Heringe:

12 grüne Heringsfilets (à ca. 80 g;
mit Haut, ohne Gräten)

doppelgriffiges Mehl
zum Wenden

1–2 EL Öl

mildes Chilisalz

1 Für die Marinade die Paprikaschoten längs halbieren, entkernen, waschen und mit dem Sparschäler schälen. Die Paprikahälften in kleine Würfel schneiden. Die Frühlingszwiebeln putzen, waschen und in Ringe schneiden.

2 Den Puderzucker in einer Pfanne bei mittlerer Hitze hell karamellisieren. Die Paprikawürfel darin andünsten und die Brühe angießen. Knoblauch, Ingwer, Thymian und die Zitronenschale dazugeben und einige Minuten in der Brühe ziehen lassen. Die Gewürze anschließend wieder entfernen und den Sud durch ein Sieb gießen. Senf, Essig und Olivenöl mit dem Stabmixer unter den Sud rühren, mit Salz, Pfeffer sowie je 1 Prise Chilipulver und Zucker herzhaft würzen. Den Sud mit den Paprikawürfeln in einer Schüssel mischen. Die Frühingszwiebeln und die Kapern unterrühren und gegebenenfalls etwas nachwürzen.

3 Die Heringsfilets waschen, trocken tupfen und auf der Hautseite mit Mehl bestäuben. Das Öl in einer Pfanne erhitzen und die Filets darin auf der Hautseite bei mittlerer Hitze 1 bis 2 Minuten anbraten. Die Pfanne vom Herd nehmen, die Fischfilets wenden und in der Resthitze 1 weitere Minute durchziehen lassen. Auf Küchenpapier abtropfen lassen und mit Chilisalz würzen.

4 Zum Servieren jeweils 4 Heringsfilets mit etwas Paprika-Kapern-Marinade auf vorgewärmten Tellern anrichten.

Schuhbecks Küchentipp

Nach Belieben können die Heringsfilets auch zum Durchziehen mehrere Stunden in die Marinade eingelegt werden. Dazu die Marinade in eine Auflaufform füllen und die gebratenen Heringsfilets mit der Hautseite nach oben daraufsetzen. Ziehen sie länger, werden sie zwischendurch in den Kühlschrank gestellt. Das Gericht kann anschließend gekühlt serviert werden, oder es wird bei 50°C im Backofen 20 bis 30 Minuten leicht erwärmt und lauwarm serviert.

Rhönforelle
mit Kräuterkartoffeln

Zutaten für 4 Personen
Für die Forellen:
4 Forellen (à 300 g; küchenfertig)
mildes Chilisalz
2 halbierte Knoblauchzehen
4 Scheiben Ingwer
4 Stiele Petersilie
50 g doppelgriffiges Mehl
50 g geschälte, gemahlene
Mandeln
6 EL Öl

Für die Kräuterkartoffeln:
500 g kleine festkochende
Kartoffeln
300 ml Gemüsebrühe
1 Lorbeerblatt
1 getrocknete rote Chilischote
1/2 Knoblauchzehe
20–30 g frisch geschnittene
Kräuter (z. B. Petersilie, Kerbel,
Basilikum, Dill, Estragon)
1 Msp. gehackter Knoblauch
2–3 EL mildes Olivenöl
Salz · Pfeffer aus der Mühle
1 unbehandelte Zitrone

1 Für die Forellen den Backofen auf 100°C vorheizen. Die Forellen unter fließendem kaltem Wasser innen und außen gründlich waschen und trocken tupfen. Die Bauchhöhlen mit Chilisalz würzen und mit je 1 Knoblauchhälfte, 1 Ingwerscheibe und 1 Petersilienstiel füllen. Das Mehl mit den Mandeln mischen und die Fische darin wenden.

2 Das Öl in einer großen Pfanne erhitzen und die Forellen darin bei milder Hitze auf beiden Seiten leicht braun anbraten. Die Fische auf ein Backblech legen und im Ofen auf der mittleren Schiene etwa 15 Minuten saftig durchziehen lassen.

3 Für die Kräuterkartoffeln die Kartoffeln schälen, waschen und in 1/2 cm dicke Scheiben schneiden. Die Kartoffelscheiben in einem Topf in der Brühe mit Lorbeerblatt, Chilischote und Knoblauch zugedeckt 10 bis 15 Minuten weich garen. Die Kartoffeln in ein Sieb abgießen, dabei den Kochsud auffangen.

4 Vom Kochsud 150 ml abmessen und nochmals erhitzen. Die Kräuter mit dem gehackten Knoblauch und 1 bis 2 EL Kartoffelscheiben dazugeben und 1 bis 2 Minuten ziehen lassen. Mit dem Stabmixer pürieren und das Olivenöl untermixen. Die Sauce mit Salz und Pfeffer würzen. Die Kartoffelscheiben mit der Kräutersauce mischen.

5 Die Zitrone waschen, trocken reiben und längs vierteln. Die Forellen mit den Kräuterkartoffeln und den Zitronenvierteln anrichten. Dazu passt gemischter Blattsalat, Tomaten- oder Gurkensalat.

—— Schuhbecks Küchentipp ——

Die Kräuterkartoffeln sollten sofort serviert werden, damit die leuchtend grüne Farbe und der feine aromatische Geschmack der Kräuter erhalten bleiben. Je nach Saison können Sie auch Bärlauch und etwas Brunnenkresse verwenden. Estragon verleiht der Mischung einen feinwürzigen Geschmack, sollte aber ähnlich wie Dill vorsichtig dosiert werden, damit er das Gericht nicht dominiert.

Krautwickerl aus Saibling und Zander
mit Kartoffel-Safran-Sauce

Zutaten für 4 Personen

Für die Krautwickerl:

4 Spitzkohlblätter · Salz

150 g Saiblingsfilet (ohne Haut
und Gräten)

Pfeffer aus der Mühle

mildes Chilipulver

frisch geriebene Muskatnuss

1 TL Dijonsenf

1/2–1 TL scharfer Senf

150 g eiskalte Sahne

1–2 TL Dill (frisch geschnitten)

8 Zanderfilets (à 60 g;
ohne Haut und Gräten)

Für die Sauce:

60 g Kartoffelwürfel

1/4 l Gemüsebrühe

1/2 kleines Lorbeerblatt

1/2 kleine getrocknete
rote Chilischote

je 1 Scheibe Knoblauch und
Ingwer · Safranfäden

4 EL Sahne · 2 EL Olivenöl

Salz

Für die Kartoffelwürfel:

2 große Kartoffeln

300 ml Gemüsebrühe

1 Lorbeerblatt

1 getrocknete rote Chilischote

1–2 EL Öl · Chilisalz

1 Für die Krautwickerl die Kohlblätter in kochendem Salzwasser fast weich garen. Herausnehmen, den dicken Strunk mit einem Messer flach schneiden und die Blätter mit Küchenpapier trocken tupfen.

2 Für die Farce das Saiblingsfilet waschen und trocken tupfen. In Würfel schneiden, salzen und 5 Minuten in das Tiefkühlfach stellen, bis die Fischstücke eiskalt, aber nicht angefroren sind. Den Fisch in den Blitzhacker geben, mit Salz, Pfeffer, Chilipulver und Muskatnuss würzen. Beide Senfsorten dazugeben und etwas anmixen, bis die Masse nach kurzer Zeit leicht zu binden beginnt. Dann ein Drittel der eiskalten Sahne dazugeben und so lange mixen, bis die Sahne gebunden und die Masse glatt ist. Die restliche Sahne in 2 Portionen untermixen, bis sie gebunden ist. Beim zweiten Mal den Dill hinzufügen. Die Farce in eine Schüssel geben und gegebenenfalls noch etwas nachwürzen.

3 Die Kohlblätter nebeneinander auf ein Küchentuch legen und mit einem zweiten Tuch bedecken. Mit dem Nudelholz mehrmals darüberrollen, sodass eine glatte Fläche entsteht. Jeweils etwas Farce auf die Krautblätter streichen. Die Zanderfilets waschen und trocken tupfen, mit Salz und Pfeffer würzen. Je 2 Filets auf ein Kohlblatt legen, zu Päckchen einschlagen und in Frischhaltefolie wickeln.

4 In einem Topf (mit passendem Dämpfeinsatz) 1/4 l Wasser aufkochen, die Krautwickerl in den Dämpfeinsatz legen und zugedeckt 7 Minuten garen. Den Topf vom Herd nehmen und die Krautwickerl in der Resthitze 3 bis 4 Minuten ziehen lassen.

5 Für die Sauce die Kartoffelwürfel mit der Brühe, Lorbeerblatt und Chilischote knapp unter dem Siedepunkt etwa 30 Minuten weich ziehen lassen. 5 Minuten vor Garzeitende den Knoblauch und den Ingwer hinzufügen und 1 Prise Safranfäden dazugeben. Das Lorbeerblatt und die Chilischote entfernen. Die Kartoffeln mit Brühe, Sahne und Olivenöl mit dem Stabmixer glatt pürieren, mit Salz würzen.

6 Für die Kartoffelwürfel die Kartoffeln schälen, waschen und in 1/2 cm große Würfel schneiden. In der Brühe mit Lorbeerblatt und Chilischote weich garen, abgießen und trocken tupfen. In einer Pfanne im Öl knusprig braun braten und mit 1 Prise Chilisalz würzen. Die Sauce auf vorgewärmte tiefe Teller verteilen, die Krautwickerl in Scheiben schneiden und mit den Kartoffelwürfeln darauf anrichten.

Leipziger Allerlei
mit Krebssauce

Zutaten für 4 Personen
Für das Leipziger Allerlei:
12 Flusskrebse
1/2 TL ganzer Kümmel · Salz
300 g Tiefkühl-Erbsen
30 g getrocknete Spitzmorcheln
1/2 Blumenkohl · 1 Kohlrabi
300 g Spargel (grün und weiß)
300 g kleine Karotten
1 EL Butter
Pfeffer aus der Mühle
2 cl Sherry · 1 EL braune Butter
(siehe Tipp S. 46) · Chilisalz
2 EL frisch geschnittene Kräuter
(z. B. Petersilie, Basilikum, Dill)

Für die Krebssauce:
1/2 Stange Staudensellerie
1 Zwiebel · 1/4 Fenchelknolle
1/2 kleine Möhre · 1 Tomate
1 TL Puderzucker
1/2 – 1 EL Tomatenmark
3 EL Wermut · 50 ml Weißwein
1/2 l Gemüsebrühe
1 Lorbeerblatt · 8 Safranfäden
1/2 TL schwarze Pfefferkörner
1 EL getrocknete Champignons
2 Scheiben Ingwer
1 Knoblauchzehe (in Scheiben)
1 Streifen unbehandelte
Zitronenschale · 60 g Sahne
20 g kalte Butter
Salz · mildes Chilipulver

1 Für das Leipziger Allerlei die Krebse mit dem Kümmel in kochendem Salzwasser 1 bis 2 Minuten garen, in ein Sieb abgießen und kalt abschrecken. Die Krebsschwänze und -scheren abtrennen. Die Schwänze schälen, den Darm entfernen. Die Scheren knacken, das Fleisch herauslösen und das Krebsfleisch kühl stellen. Karkassen beiseitelegen.

2 Die Erbsen auftauen lassen. Die Morcheln kurz in Wasser aufkochen, 5 Minuten quellen und auf einem Sieb abtropfen lassen. Den Blumenkohl in Röschen teilen, den Kohlrabi schälen und in dünne Spalten schneiden. Den Spargel schälen (grünen Spargel nur im unteren Drittel) und holzige Enden entfernen. Dicke Stangen längs halbieren und alle Stangen in 5 cm lange Stücke schneiden. Die Karotten putzen und schälen, dabei das Grün bis auf 1 cm abschneiden.

3 Das vorbereitete Gemüse nacheinander (zuerst Spargel, dann Karotten, Blumenkohl und Kohlrabi) in kochendem Salzwasser bissfest blanchieren, kalt abschrecken und abtropfen lassen. Die Morcheln in einer Pfanne in der Butter bei mittlerer Hitze dünsten, salzen, pfeffern und mit Sherry ablöschen. Spargel, Karotten, Blumenkohl, Kohlrabi und Erbsen in einer Pfanne in brauner Butter erwärmen und mit Chilisalz würzen. Die Krebsschwänze hinzufügen. Die Kräuter klein schneiden und dazugeben.

4 Für die Krebssauce den Backofen auf 130 °C vorheizen. Die Krebskarkassen sorgfältig säubern, waschen und trocken tupfen. Auf einem Backblech im Ofen auf der mittleren Schiene 30 bis 40 Minuten trocknen lassen und zerkleinern. Inzwischen die Gemüse putzen, schälen, bzw. waschen und in 1 cm große Würfel schneiden. In einem Topf ohne Fett anrösten, den Puderzucker darüberstäuben und hell karamellisieren. Das Tomatenmark unterrühren, mit Wermut und Wein ablöschen und sämig einköcheln lassen.

5 Die Karkassen untermischen, die Brühe dazugießen. Gewürze und Champignons hinzufügen und knapp unter dem Siedepunkt 30 bis 45 Minuten ziehen lassen. Ingwer, Knoblauch und Zitronenschale dazugeben, einige Minuten ziehen lassen. Den Fond durch ein Sieb in einen Topf gießen. Sahne und Butter mit dem Stabmixer unterrühren, mit Salz und Chilipulver würzen. Das Gemüse mit dem Krebsfleisch in tiefen Tellern anrichten, die Morcheln drauf verteilen. Krebsfond mit dem Stabmixer kurz aufschäumen und über das Gemüse träufeln.

Bodenseefelchen in der Folie
mit gebratenem Gemüsesalat

Zutaten für 4 Personen

Für die Felchen:

4 Blaufelchen (à ca. 300 g;
küchenfertig)

Salz · Pfeffer aus der Mühle

4 EL Olivenöl

je 4 Scheiben Ingwer, Knoblauch
und unbehandelte Zitrone

4 getrocknete rote Chilischoten

1 TL Fenchelsamen

4 Stiele Dill · 4 Lorbeerblätter

einige schöne Blätter Petersilie

4 EL Weißwein · 3 EL Butter

Für den Gemüsesalat:

2 Karotten · je 200 g weißer und
grüner Spargel

2 Stangen Staudensellerie

1 kleiner Zucchino

1–2 TL Puderzucker

$1/8$ l Gemüsebrühe

2 EL Zitronensaft

2 EL mildes Olivenöl

Salz · Pfeffer aus der Mühle

1 EL Petersilie (frisch geschnitten)

Für den Dip:

150 g Crème fraîche · 2 EL Sahne

1 TL Estragon (frisch geschnitten)

1 EL Limettensaft

abgeriebene Schale von 1 unbehandelten Limette · Salz

mildes Chilipulver · Zucker

1 Für die Felchen den Backofen auf 180 °C vorheizen. Die Felchen unter fließendem kaltem Wasser innen und außen gründlich waschen, trocken tupfen und mit Salz und Pfeffer würzen.

2 Vier Bögen Alufolie mit Olivenöl bestreichen. Die Fische daraufle-gen und die Bauchhöhlen mit Ingwer, Knoblauch, Zitronenscheiben, Chilischoten, Fenchelsamen, Dill, Lorbeer- und Petersilienblättern fül-len. Den Wein angießen, die Butter in Flöckchen auf den Fischen ver-teilen und die Folie darüber zusammenfalten. Die Felchen im Ofen auf der mittleren Schiene etwa 25 Minuten garen.

3 Für den Gemüsesalat die Karotten putzen, schälen und schräg in Scheiben schneiden. Den Spargel schälen (den grünen nur im unteren Drittel), holzige Enden entfernen und die Stangen schräg in Scheiben schneiden. Den Sellerie putzen, waschen und schräg in Scheiben schneiden. Den Zucchino putzen und waschen, längs halbieren und ebenfalls schräg in Scheiben schneiden.

4 Den Puderzucker in einem breiten Topf hell karamellisieren, Karot-ten, Spargel und Sellerie darin andünsten. Die Brühe dazugießen und das Gemüse knapp unter dem Siedepunkt 8 bis 10 Minuten garen. Nach 8 Minuten die Zucchinischeiben dazugeben. Das Gemüse in eine Schüssel füllen und mit Zitronensaft, Olivenöl, Salz und Pfeffer würzen, zuletzt die Petersilie untermischen.

5 Für den Dip die Crème fraîche mit der Sahne glatt rühren und den Estragon unterrühren. Mit Limettensaft und -schale sowie Salz und je 1 Prise Chilipulver und Zucker würzen.

6 Die Fischpäckchen am Tisch öffnen und die Felchen mit dem Ge-müsesalat und dem Dip servieren.

Schuhbecks Küchentipp

Die Fische sind fertig, wenn sich die Rückenflosse leicht heraus-ziehen lässt und sich das Fleisch problemlos von den Gräten löst. Um das zu testen, sollten Sie nach der angegebenen Garzeit erst einmal ein Fischpäckchen öffnen. Gegebenenfalls das Päckchen wieder verschließen und den Fisch mit den anderen Felchen noch etwas nachgaren.

Kross gebratener Havelzander
auf Schmorgurken

Zutaten für 4 Personen

Für die Schmorgurken:

2 Gärtnergurken (à 250 g)
70 ml Gemüsebrühe
mildes Chilisalz
1 EL Olivenöl
3 EL Butter
1 EL Dill (frisch geschnitten)

Für den Havelzander:

500 g Zanderfilet (mit Haut,
ohne Gräten)
doppelgriffiges Mehl zum Wenden
1 EL Öl
je 1 EL Butter und braune Butter
(siehe Tipp S. 46)
mildes Chilisalz

1 Für die Schmorgurken den Backofen auf 180 °C vorheizen. Die Gurken waschen und mit einem Kanneliermesser in die Schale der Länge nach Streifen ritzen. Die Gurken in etwa 7 mm dicke Scheiben schneiden und auf ein Backblech geben. Die Brühe dazugießen, die Gurkenscheiben mit Chilisalz bestreuen und mit Olivenöl beträufeln. Die Gurken im Ofen auf der mittleren Schiene 10 Minuten schmoren. Dann wenden und weitere 5 Minuten fertig garen.

2 Die Gurken herausnehmen, den Schmorsaft in einen kleinen Topf gießen und auf dem Herd etwas einköcheln lassen. Die Gurkenscheiben dazugeben, die Butter und den Dill hinzufügen.

3 Für den Havelzander die Zanderfilets waschen und trocken tupfen. In 8 gleich große Stücke schneiden und auf der Hautseite mit Mehl bestäuben. Das Öl in einer Pfanne erhitzen und die Fischfilets darin auf der Hautseite bei mittlerer Hitze 3 bis 4 Minuten kross anbraten. Die Fischfilets wenden, die Pfanne vom Herd nehmen und den Fisch in der Resthitze glasig durchziehen lassen.

4 Die Fischfilets auf Küchenpapier abtropfen lassen. Die Pfanne trocken reiben und die Butter mit der braunen Butter darin schmelzen. Mit Chilisalz würzen und die Fischfilets mit der Chilibutter auf dem Gurkengemüse anrichten.

Schuhbecks Küchentipp

Doppelgriffiges Mehl ist grobkörniges Weizenmehl Type 405. Es eignet sich besonders gut zum Panieren, da es nicht klumpt. Die Zanderfilets werden nur auf der Hautseite mit Mehl bestäubt, damit die Haut besonders knusprig wird. Die Fleischseite bleibt »natur«, da sie kaum gebraten wird, sondern nur in der Resthitze der Pfanne nachbrät bzw. -zieht. Wenn Sie kein doppelgriffiges Mehl zur Hand haben, können Sie stattdessen auch Instant-Mehl verwenden.

Fränkischer Weihnachtskarpfen
mit Wurzelpüree

Zutaten für 4 Personen

Für das Wurzelpüree:

400 g mehlig kochende Kartoffeln
1/2 TL ganzer Kümmel · Salz
300 g Karotten
2 große Zwiebeln
300 g Knollensellerie · 1/4 Apfel
300–350 ml Gemüsebrühe
120 g Sahne
2 EL Sahnemeerrettich
(aus dem Glas)
Salz · mildes Chilipulver
frisch geriebene Muskatnuss
3 EL Butter · 1 EL braune Butter
(siehe Tipp S. 46)

Für den Karpfen:

1 Knoblauchzehe
1/2 l Gemüsebrühe
50 ml Weißweinessig
1 Lorbeerblatt
je 1/2 TL Fenchelsamen, Wachol-
derbeeren, Piment-, schwarze
Pfeffer- und Korianderkörner
2 Scheiben Ingwer
2 Streifen unbehandelte
Zitronenschale
Salz · mildes Chilipulver
1 EL Zucker · 600 g Karpfenfilet
(ohne Haut und Gräten)
Chilisalz

1 Für das Wurzelpüree die Kartoffeln mit dem Kümmel in Salzwasser weich garen. Abgießen, kurz ausdampfen lassen, möglichst heiß pellen und zugedeckt warm stellen.

2 Karotten, Zwiebeln und Sellerie schälen. Das Apfelviertel schälen, das Kerngehäuse entfernen und das Fruchtfleisch in 2 cm große Stücke schneiden. Gemüse und Apfel mit der Brühe in einen Topf geben und zugedeckt bei milder Hitze gut 20 Minuten schmoren, bis das Gemüse sehr weich und die gesamt Flüssigkeit fast verdampft ist. Das Gemüse abgießen und abtropfen lassen.

3 Das Gemüse mit der Sahne im Blitzhacker fein pürieren. Die Kartoffeln durch die Kartoffelpresse drücken und mit dem Gemüsepüree mischen. Den Sahnemeerrettich unterrühren und das Püree mit Salz sowie je 1 Prise Chilipulver und Muskatnuss gut würzen. Die Butter und die braune Butter dazugeben. Das Wurzelpüree warm halten.

4 Für den Karpfen den Knoblauch schälen und in Scheiben schneiden. Die Brühe mit Essig, Lorbeerblatt, Fenchelsamen, Wacholderbeeren, Piment-, Pfeffer- und Korianderkörnern in einem Topf erhitzen. Knoblauch, Ingwer und Zitronenschale hinzufügen und einige Minuten ziehen lassen. Den Gewürzsud mit Salz, 1 Prise Chilipulver und dem Zucker herzhaft würzen.

5 Den Gewürzsud aufkochen lassen und vom Herd nehmen. Das Karpfenfilet waschen, trocken tupfen und in Stücke schneiden. In den Sud legen und darin etwa 6 Minuten gar ziehen lassen. Mit dem Schaumlöffel herausheben und eventuell restliche Gräten herauszupfen. Die Fischstücke mit dem Wurzelpüree auf vorgewärmten Tellern anrichten und mit Chilisalz würzen. Nach Belieben mit Orangen-Zitronen-Butter (siehe Tipp) beträufeln.

——— Schuhbecks Küchentipp ———

Für eine Orangen-Zitronen-Butter 80 g braune Butter leicht erwärmen. 1 Knoblauchzehe in Scheiben, 2 Scheiben Ingwer, die abgeriebene Schale von 1/2 Zitrone und 1 TL abgeriebene Orangenschale dazugeben und einige Minuten ziehen lassen. Knoblauch und Ingwer wieder entfernen und 1 EL Zitronensaft unterrühren.

Jasmunder Pflückhecht
mit Sardellen-Kapern-Sauce

Zutaten für 4 Personen

1 Lorbeerblatt

*je 1/2 TL Piment-, gelbe Senf-,
Koriander- und schwarze
Pfefferkörner*

1 kleine Karotte (ca. 60 g)

100 g Knollensellerie

2 Zwiebeln

80 g Lauch

1 l Gemüsebrühe

5 EL Rotweinessig

Salz · 1–2 TL Zucker

mildes Chilipulver

*4 Hechtfilets (à 120 g;
ohne Haut)*

100 g Sahne

2 TL Speisestärke

2–3 eingelegte Sardellenfilets

40 g kalte Butter

1–2 TL Kapern

*1 Streifen unbehandelte
Zitronenschale*

1 halbierte Knoblauchzehe

1 Scheibe Ingwer

1 EL Butter

mildes Chilisalz

1 TL Dill (frisch geschnitten)

1 Lorbeerblatt, Piment-, Senf-, Koriander- und Pfefferkörner in ein Gewürzsäckchen füllen und das Säckchen verschließen. Die Karotte putzen und schälen, den Sellerie und die Zwiebeln schälen, den Lauch putzen und waschen. Alle Gemüsesorten in feine Streifen schneiden.

2 Die Brühe mit Karotten-, Sellerie- und Zwiebelstreifen, dem Gewürzsäckchen und dem Essig in einem Topf erhitzen und knapp unter dem Siedepunkt 5 Minuten ziehen lassen. Mit Salz, Zucker und 1 Prise Chilipulver würzen. Die Hechtfilets waschen und trocken tupfen. Mit den Lauchstreifen in den Sud legen und knapp unter dem Siedepunkt 3 bis 5 Minuten gar ziehen lassen. Fischfilets mit einem Schaumlöffel vorsichtig herausheben, restliche Gräten herauszupfen und die Fischfilets mit Frischhaltefolie bedeckt im Ofen bei 50°C warm halten.

3 Für die Sauce den Sud durch ein Sieb gießen, dabei das Gewürzsäckchen entfernen. 300 ml Sud abmessen und mit der Sahne in einem Topf erhitzen. Die Speisestärke mit etwas kaltem Wasser glatt rühren und nach und nach unter die leicht kochende Sauce rühren, bis sie sämig bindet. Die Sardellen klein schneiden und mit der kalten Butter unter die Sauce mixen. Die Kapern unterrühren. Die Zitronenschale mit Knoblauch und Ingwer dazugeben, einige Minuten ziehen lassen und wieder entfernen.

4 Die Gemüsestreifen in der Butter erhitzen, mit Chilisalz würzen und den Dill unterrühren. Das Hechtfleisch etwas zerpflücken und auf vorgewärmten Tellern anrichten, mit der Sauce überziehen und mit den Gemüsestreifen garnieren. Nach Belieben Kartoffelpüree oder kleine Kartoffeln dazu servieren.

Schuhbecks Küchentipp

Die Stehgräten in Hechtfilets sind Y-förmig ausgebildet. Es empfiehlt sich deshalb nicht, sie entfernen zu wollen, wenn der Fisch roh ist. Man müsste sie herausschneiden, wobei relativ viel wertvolles Fischfleisch verloren ginge. Deshalb ist es am besten, die Gräten erst nach dem Garen zu ziehen. Sie verlaufen alle in einer Linie.

Rheinische Miesmuscheln
auf zweierlei Art

Zutaten für 4 Personen

Für das Gemüse:

1 kleine weiße Zwiebel

je ¹/₂ gelbe und rote Karotte

1 Stange Staudensellerie

50 g Lauch · 1 Knoblauchzehe

1 EL Öl

2 Scheiben Ingwer

50 ml Weißwein

350 ml Fischfond oder
Gemüsebrühe

1 Stück Vanilleschote

je 1 Msp. abgeriebene unbehandelte Zitronen- und Limettenschale

3 Stiele Petersilie

Chilisalz · Chiliflocken

Saft von ¹/₂ Limette

¹/₂–1 TL scharfer Senf

50 g Sahne · 2 EL kalte Butter

1 EL Petersilie (frisch geschnitten)

Für die Miesmuscheln:

1 ¹/₂ kg Miesmuscheln

50 ml Weißwein

1 Lorbeerblatt

1 getrocknete rote Chilischote

1 TL Wacholderbeeren

Für die Muschelsuppe:

¹/₂ Apfel · 1 gestr. TL Currypulver

50 g Sahne

20 g kalte Butter

1 Für das Gemüse die Zwiebel, die Karotten, den Sellerie und den Lauch putzen, schälen bzw. waschen und in kleine Würfel schneiden.

2 Den Knoblauch schälen und in Scheiben schneiden. Das Gemüse in einem Topf im Öl bei milder Hitze andünsten. Den Knoblauch und Ingwer hinzufügen, mit dem Wein ablöschen und auf ein Drittel ein-kochen lassen. Den Fond dazugießen und die Vanilleschote, die Zitro-nen- und Limettenschale dazugeben.

3 Die Petersilie waschen und trocken schütteln, die Blätter abzupfen und klein schneiden. Mit Chilisalz, Chiliflocken und Limettensaft zu dem Fond geben und 1 bis 2 Minuten knapp unter dem Siedepunkt ziehen lassen. Den Fond durch ein Sieb gießen und das Gemüse bei-seitestellen. Den Fond mit Senf, Sahne und Butter aufschäumen.

4 Für die Miesmuscheln die Muscheln unter fließendem kaltem Was-ser gründlich abbürsten, geöffnete Exemplare aussortieren.

5 Für den Muschelfond in einem Topf etwa 200 ml Wasser mit dem Wein erhitzen. Lorbeerblatt, Chilischote und Wacholderbeeren dazu-geben. Die Muscheln hinzufügen und zugedeckt bei mittlerer Hitze etwa 2 Minuten garen, bis sie sich geöffnet haben. Die Muscheln he-rausnehmen. Ein Viertel der Muscheln aus den Schalen lösen, dabei Muscheln, die sich nicht geöffnet haben, aussortieren.

6 Die Miesmuscheln in der Schale auf vorgewärmte tiefe Teller ver-teilen, die Hälfte der Gemüsewürfel und die Petersilie darübergeben. Den Fond aufschäumen und etwa ein Viertel über den Muscheln ver-teilen. Den restlichen Fond für die Suppe beiseitestellen.

7 Für die Muschelsuppe die Apfelhälfte schälen, das Kerngehäuse entfernen und das Fruchtfleisch in kleine Würfel schneiden. Die Apfel-würfel in einem Topf mit dem Curry bestäuben und ohne Fett bei mil-der Hitze etwas andünsten. Den restlichen Fond, die Sahne und die kalte Butter dazugeben und mit dem Stabmixer aufschäumen.

8 Die restlichen Gemüsewürfel mit dem ausgelösten Muschelfleisch auf vorgewärmte tiefe Teller oder Tassen verteilen, mit wenig Chili-flocken bestreuen und die Apfel-Curry-Suppe darübergeben. Nach Belieben mit Butter bestrichenes und mit etwas Chilisalz gewürztes Vollkornbrot dazu servieren.

Fleisch

Schweinefilet
mit Apfelrahmkraut

Zutaten für 4 Personen
Für das Schweinefilet:
12 lange Scheiben Frühstücks-
speck (ca. 120 g)
80 g Kalbsbrät (vom Metzger)
2 EL Sahne · 1 cl Sherry
1 EL Thymianblättchen
2–3 EL Petersilie
(frisch geschnitten)
2 Schweinefilets (à 300 g;
aus dem Mittelstück) · 1 EL Öl

Für das Apfelrahmkraut:
1 kleine Zwiebel
500 g Spitzkohl
1 Karotte
100 g Knollensellerie · Salz
2 Äpfel · 1 EL Öl
1 TL getrockneter Majoran
1 TL gemahlener Kümmel
frisch geriebene Muskatnuss
Pfeffer aus der Mühle
1 EL Petersilie (frisch geschnitten)
50 ml Gemüsebrühe
oder Weißwein
150 g Sahne · 2 EL Butter
je 1 TL abgeriebene unbehandelte
Zitronen- und Orangenschale
1 Zimtrinde
1 Msp. abgeriebene unbehandelte
Limettenschale
1 Stück Vanilleschote

1 Für das Schweinefilet den Backofen auf 100 °C vorheizen. Ein Ofengitter auf die mittlere Schiene und darunter ein Abtropfblech schieben.

2 Jeweils 6 Scheiben Frühstücksspeck leicht überlappend nebeneinander auf Frischhaltefolie legen. Das Kalbsbrät mit Sahne und Sherry verrühren, den Speck gleichmäßig damit bestreichen und mit Thymian und Petersilie bestreuen. Die Schweinefilets von Fett und Sehnen befreien. Je 1 Schweinefilet auf den Speck legen und mithilfe der Frischhaltefolie darin einwickeln. Die Frischhaltefolie wieder entfernen. Das Öl in einer Pfanne erhitzen und die Filets darin bei mittlerer Hitze auf der Nahtseite anbraten. Dann nach und nach rundum anbraten. Das Fleisch auf das Gitter in den Ofen legen und je nach Dicke gut 45 Minuten rosa garen.

3 Inzwischen für das Apfelrahmkraut die Zwiebel schälen und in Rauten schneiden. Vom Spitzkohl die äußeren Blätter und den Strunk entfernen. Die Blätter waschen, trocken schleudern und in Rauten schneiden. Die Karotte und den Sellerie putzen und schälen, zuerst in dünne Scheiben, dann in Rauten schneiden. Das Gemüse in kochendem Salzwasser blanchieren. Die Äpfel waschen, vierteln und die Kerngehäuse entfernen. Einen Apfel in dünne Scheiben, den anderen Apfel in Spalten schneiden.

4 Das Öl in einer Pfanne erhitzen und die Zwiebel darin bei mittlerer Hitze glasig dünsten, Karotte, Sellerie und Spitzkohl dazugeben und leicht anbraten. Mit Majoran, Kümmel, Muskatnuss, Salz und Pfeffer würzen. Die Petersilie, die Brühe und die Sahne hinzufügen. Zum Schluss 1 EL Butter, Zitronen- und Orangenschale und Apfelscheiben unterrühren sowie etwas Zimt darüberreiben.

5 Die Apfelspalten in einer Pfanne in der restlichen Butter bei mittlerer Hitze dünsten. Die Limettenschale, die Vanilleschote und den Zimt dazugeben.

6 Das Apfelrahmkraut auf vorgewärmte Teller verteilen. Das Schweinefilet in Scheiben schneiden, darauf anrichten und mit den gedünsteten Apfelspalten garniert servieren.

Bierfleisch
mit Apfelspalten

Zutaten für 4 Personen

1 kg magere Schweineschulter

500 g Zwiebeln

2–3 EL Öl

2 EL Tomatenmark

³/₄ l Hühnerbrühe oder
Geflügelfond

200 ml dunkles Bier

1 EL Paprikapulver (edelsüß)

1 Knoblauchzehe

2 Scheiben Ingwer

¹/₂–1 TL abgeriebene
unbehandelte Zitronenschale

¹/₂ TL gemahlener Kümmel

1 TL getrockneter Majoran

Salz · mildes Chilipulver

1 Apfel

1 EL Butter

¹/₂–1 TL Puderzucker

1 Das Fleisch in 3 cm große Würfel schneiden. Die Zwiebeln schälen und in Streifen schneiden.

2 In einem Schmortopf 1 bis 2 EL Öl erhitzen, das Fleisch darin bei mittlerer Hitze portionsweise anbraten und aus dem Topf nehmen. Etwas Öl in den Topf geben und die Zwiebeln darin andünsten. Das Tomatenmark dazugeben, kurz anrösten und das Fleisch wieder hinzufügen. Die Brühe und das Bier angießen und die Fleischwürfel offen knapp unter dem Siedepunkt etwa 2 Stunden schmoren.

3 Am Ende der Garzeit das Paprikapulver in einer Schüssel mit etwas Wasser glatt rühren. Den Knoblauch schälen und in Scheiben schneiden. Mit Ingwer, Zitronenschale, Kümmel und Majoran zum Schmorfleisch geben und 5 bis 10 Minuten darin ziehen lassen. Den Knoblauch und Ingwer wieder entfernen und die Sauce mit Salz sowie 1 Prise Chilipulver abschmecken.

4 Den Apfel schälen, vierteln und das Kerngehäuse entfernen. Das Fruchtfleisch in schmale Spalten schneiden. Die Butter in einer Pfanne erhitzen und die Apfelspalten darin bei milder Hitze auf beiden Seiten leicht anbraten, dabei mit Puderzucker bestäuben.

5 Das Bierfleisch mit der Sauce in vorgewärmten tiefen Tellern anrichten und mit den Apfelspalten garnieren. Als Beilage dazu passen Salzkartoffeln, Kartoffelklöße, -püree und Nudeln, aber auch Spätzle, Semmelknödel oder Reis.

Schuhbecks Küchentipp

Zur Quittensaison können Sie die Äpfel auch sehr gut durch Quitten ersetzen. Die Quittenspalten müssen allerdings etwas länger als die Äpfel bei milder Hitze in der Butter gebraten werden. Als zusätzliche Garnitur eignen sich kross gebratene Zwiebelringe: Dafür die Zwiebelringe in einer Mischung aus doppelgriffigem Mehl und edelsüßem Paprikapulver wenden, in 170°C heißem Fett frittieren und auf Küchenpapier abtropfen lassen.

Krustenbraten
mit Schmorgemüse

Zutaten für 4 Personen

1 l Hühnerbrühe oder
Geflügelfond
1 1/2 kg Wammerl
(Schweinebauch)
3 große weiße Zwiebeln
1 Karotte
150 g Knollensellerie
600 g kleine festkochende
Kartoffeln
1 TL Puderzucker
1 EL Tomatenmark
150 ml leichter Rotwein
1 EL Öl · Salz
1 kleines Lorbeerblatt
2 halbierte Knoblauchzehen
1 Scheibe Ingwer
1/2–1 TL getrockneter Majoran
1/2 TL ganzer Kümmel
1 Streifen unbehandelte
Zitronenschale
Pfeffer aus der Mühle

1 Den Backofen auf 130 °C vorheizen. In einen Schmortopf 1/2 l Brühe gießen, den Schweinebauch mit der Schwarte nach unten hineinlegen und im Ofen auf der mittleren Schiene 1 Stunde garen.

2 Den Schweinebauch aus dem Schmortopf nehmen und die Backofentemperatur auf 160 °C erhöhen. In die Schwarte mit einem scharfen Messer im Abstand von 1 cm Streifen einritzen, so wie hinterher die Scheiben geschnitten werden.

3 Die Zwiebeln schälen, die Karotte und den Sellerie putzen und schälen. Die Zwiebeln in Spalten, die Karotte schräg in 1/2 cm dicke Scheiben, den Sellerie in 1 cm große Würfel schneiden. Die Kartoffeln schälen, waschen und je nach Größe halbieren oder vierteln.

4 Die Brühe aus dem Schmortopf gießen und beiseitestellen. Den Topf mit Küchenpapier trocken tupfen und bei mittlerer Hitze auf den Herd stellen. Den Puderzucker hineinstäuben und hell karamellisieren. Das Tomatenmark unterrühren und etwas anrösten. Mit dem Wein ablöschen und die Flüssigkeit sämig einköcheln lassen.

5 Das Öl in einer Pfanne erhitzen und das Gemüse darin bei mittlerer Hitze andünsten. Anschließend in den Schmortopf geben und die abgegossene Brühe und die restliche Brühe dazugießen. Den Schweinebauch mit der Schwarte nach oben auf das Gemüse setzen und im Ofen auf der mittleren Schiene weitere 2 Stunden garen.

6 Den Braten aus dem Topf nehmen und auf ein Backblech setzen. Die Backofentemperatur auf 220 °C Oberhitze erhöhen. Die Schwarte mit Salz würzen und den Braten im Ofen auf der untersten Schiene 20 bis 30 Minuten knusprig braten.

7 Die Sauce aus dem Schmortopf durch ein Sieb streichen, das Gemüse beiseitestellen. Die Sauce gegebenenfalls entfetten, das Lorbeerblatt dazugeben und die Sauce noch etwas einköcheln lassen.

8 Knoblauch und Ingwer mit Majoran, Kümmel und Zitronenschale zur Sauce geben und 5 bis 10 Minuten ziehen lassen. Die Sauce durch ein Sieb wieder zum Gemüse gießen. Das Gemüse und die Sauce erhitzen und mit Salz und Pfeffer abschmecken.

9 Den Krustenbraten in Scheiben schneiden und mit dem Schmorgemüse und der Bratensauce auf vorgewärmten Tellern anrichten.

Reindlbraten
mit Fenchel-Birnen-Gemüse und Bratkartoffeln

Zutaten für 4 Personen
Für den Braten:
3 große weiße Zwiebeln
1 Karotte · 150 g Knollensellerie
1 EL Öl · 1 1/2 kg Schweinehals
(küchenfertig)
1 TL Puderzucker
1 EL Tomatenmark
200 ml Weißwein
1 l Hühnerbrühe oder
Geflügelfond · Honig
Chilisalz
3 Scheiben Ingwer
1 Knoblauchzehe (in Scheiben)
1 Lorbeerblatt · 1/2 Vanilleschote
gemahlener Fenchel
getrockneter Majoran
gemahlener Kümmel
1 TL Speisestärke

Für das Gemüse:
1 Fenchelknolle
2 Karotten · Salz · 1 Birne
1–2 EL braune Butter
(siehe Tipp S. 46)
Salz · Pfeffer aus der Mühle

Für die Bratkartoffeln:
600 g kleine festkochende
Kartoffeln · Salz · 1 EL Öl
frisch geriebene Muskatnuss
Chilisalz

1 Für den Braten den Backofen auf 150 °C vorheizen. Die Zwiebeln schälen, Karotte und Sellerie putzen und schälen und alles in 1 1/2 bis 2 cm große Würfel schneiden. Das Öl in einer großen Pfanne erhitzen, das Fleisch darin rundum anbraten und wieder herausnehmen. Das Gemüse mit dem Puderzucker in die Pfanne geben und kurz anbraten. Das Tomatenmark unterrühren und kurz anrösten, mit dem Wein ablöschen und etwas einkochen lassen. Das Gemüse in ein Reindl (Schmortopf) geben, 900 ml Brühe angießen und das Fleisch darauflegen. Den Braten im Ofen auf der mittleren Schiene etwa 3 Stunden garen.

2 Die restliche Brühe mit Honig, Chilisalz, Ingwer, Knoblauch, Lorbeerblatt und Vanilleschote sowie je 1 Prise Fenchel, Majoran und Kümmel erhitzen. Das Fleisch nach 2 1/2 Stunden Garzeit mit dem Sud bestreichen, nach 10 bis 15 Minuten wenden und nochmals bestreichen.

3 Am Ende der Garzeit das Fleisch herausnehmen und warm stellen, die Sauce durch ein Sieb streichen und erhitzen. Die Speisestärke mit etwas kaltem Wasser glatt rühren, nach und nach unter die köchelnde Sauce rühren, bis sie leicht sämig ist. Eventuell mit Majoran, Kümmel, Fenchel, Ingwer, Knoblauch, Vanilleschote und Chilisalz nachwürzen.

4 Für das Gemüse den Fenchel putzen und waschen, die Karotten putzen und schälen. Beides in fingerdicke Stifte schneiden und in kochendem Salzwasser einige Minuten blanchieren. Abgießen, kalt abschrecken und abtropfen lassen. Die Birne waschen, vierteln und das Kerngehäuse entfernen, das Fruchtfleisch in Spalten schneiden. Die Karotten und den Fenchel in einer Pfanne ohne Fett bei mittlerer Hitze anrösten und die Birnenspalten dazugeben. Mit brauner Butter, Salz und Pfeffer abschmecken.

5 Für die Bratkartoffeln die Kartoffeln waschen und in einem Topf in Salzwasser garen. Abgießen, pellen und halbieren oder vierteln. Das Öl in einer Pfanne erhitzen und die Kartoffeln darin bei mittlerer Hitze anbraten. Mit Muskatnuss und 1 Prise Chilisalz würzen. Zum Servieren den Reindlbraten in Scheiben schneiden, mit Bratensauce, Gemüse und Bratkartoffeln auf vorgewärmten Tellern anrichten. Nach Belieben mit Petersilie garnieren.

Baeckerofen
mit Cocktailtomaten

Zutaten für 4 Personen

200 g Lammschulter

(ohne Fett und Knochen)

200 g Schweinenacken

200 g magere Rinderschulter

1 Zwiebel · 3 EL Öl

350 ml Hühnerbrühe oder

Geflügelfond

1/2 kg kleine festkochende

Kartoffeln

1 Karotte

1 TL schwarze Pfefferkörner

3 Pimentkörner

1 Lorbeerblatt

1/2 Stange Lauch

1 TL Puderzucker

1/4 l Weißwein (z. B. Riesling)

150 g Cocktailtomaten

1 halbierte Knoblauchzehe

1 Scheibe Ingwer

1 Streifen unbehandelte

Zitronenschale

1 Zweig Thymian

Salz · mildes Chilipulver

1 EL Petersilie (frisch geschnitten)

1 Den Backofen auf 150 °C vorheizen. Das Fleisch in 3 bis 4 cm große Würfel schneiden. Die Zwiebel schälen und in 1 cm große Würfel schneiden. In einem Schmortopf 2 EL Öl erhitzen, die Fleischwürfel darin portionsweise anbraten und wieder herausnehmen. Das restliche Öl im Schmortopf erhitzen und die Zwiebelwürfel darin anbraten. Das Fleisch wieder hinzufügen, die Brühe angießen und den Braten zugedeckt im Ofen auf der mittleren Schiene etwa 2 1/2 Stunden schmoren.

2 Inzwischen die Kartoffeln waschen, die Karotte putzen und schälen und beides in etwa 1 1/2 cm große Stücke schneiden. Die Pfeffer- und Pimentkörner in ein Gewürzsäckchen füllen und das Säckchen verschließen. Das Gemüse mit dem Lorbeerblatt und dem Gewürzsäckchen nach 1 3/4 Stunden zum Fleisch geben, untermischen und zugedeckt weitergaren. Den Lauch putzen, waschen, in 1 bis 1 1/2 cm breite Stücke schneiden und 15 Minuten vor Garzeitende unter das Gericht mischen. Den Baeckerofen zugedeckt fertig schmoren.

3 Inzwischen den Puderzucker in einem Topf bei mittlerer Hitze goldbraun karamellisieren, mit dem Wein ablöschen und auf ein Drittel einköcheln lassen. Die Cocktailtomaten waschen und halbieren.

4 Am Ende der Garzeit Knoblauch, Ingwer, Zitronenschale und Thymian zum Fleisch und Gemüse geben und 5 Minuten ziehen lassen. Anschließend alle Gewürze und das Gewürzsäckchen entfernen, die Cocktailtomaten hinzufügen. Den Baeckerofen mit dem eingekochten Wein, Salz und Chilipulver abschmecken. Die Petersilie untermischen und den Baeckerofen auf vorgewärmten Tellern servieren.

Düsseldorfer Senfrostbraten
mit Kartoffel-Bohnen-Gemüse

Zutaten für 4 Personen

Für das Gemüse:

1 kg festkochende Kartoffeln

Salz · 1 TL ganzer Kümmel

400 g breite Bohnen

2 EL Öl

Pfeffer aus der Mühle

1 Msp. gemahlener Kümmel

1 TL getrocknetes Bohnenkraut

2 EL frisch geschnittene Kräuter

(z. B. Dill, Petersilie, Liebstöckel)

Für den Rostbraten:

120 g Zwiebeln

80 g scharfer Senf

2 geh. EL Toastbrotbrösel

(frisch gerieben)

1 Msp. abgeriebene unbehandelte Orangenschale

4 Scheiben Rinderlende

(à ca. 150 g)

Salz · Pfeffer aus der Mühle

60 g doppelgriffiges Mehl

3 EL Öl

1 Für das Gemüse die Kartoffeln waschen und in Salzwasser mit dem Kümmel weich garen. Abgießen, kurz ausdampfen lassen, pellen und in Scheiben schneiden. Die Bohnen putzen, waschen und in etwa 1 cm breite Stücke schneiden. In kochendem Salzwasser blanchieren, in ein Sieb abgießen und kalt abschrecken.

2 Das Öl in einer Pfanne erhitzen und die Kartoffelscheiben darin bei mittlerer Hitze hellbraun braten. Die Bohnen dazugeben und mitgaren. Das Gemüse mit Salz, Pfeffer, Kümmel und Bohnenkraut würzen. Kurz vor dem Servieren die Kräuter untermischen.

3 Für den Rostbraten die Zwiebeln schälen, in feine Würfel schneiden und etwa 3 Minuten blanchieren. In ein Sieb abgießen, kalt abschrecken und das Wasser mit den Händen gut ausdrücken. Die Zwiebeln mit Senf, Toastbröseln und Orangenschale verrühren.

4 Die Rinderlendenscheiben mit dem Handballen etwas flach drücken und mit Salz und Pfeffer würzen. Auf einer Seite mit dem Zwiebelsenf bestreichen und mit dem Mehl bestäuben.

5 Das Öl in einer Pfanne erhitzen und die Rinderlendenscheiben darin bei mittlerer Hitze zunächst auf der Senfseite goldbraun anbraten. Dann wenden und 3 Minuten auf der anderen Seite braten. Die Pfanne vom Herd nehmen und das Rindfleisch in der Resthitze einige Minuten ziehen lassen.

6 Das Kartoffel-Bohnen-Gemüse auf vorgewärmte Teller verteilen, den Rostbraten in Stücke schneiden und darauf anrichten.

Schuhbecks Küchentipp

Die Senfmischung für die Kruste darf nicht zu flüssig werden. Deshalb ist es wichtig, dass die blanchierten Zwiebeln gut abgetropft und ausgedrückt werden. Weil Senf beim Erhitzen viel von seiner Schärfe verliert, sollten Sie für dieses Gericht unbedingt scharfen Senf verwenden.

Gefüllte Rinderroulade
mit Gemüse und Schinken

Zutaten für 4 Personen

4 dünne Scheiben Rinder-
rouladenfleisch (à ca. 160 g;
aus der Oberschale)
150 g Kalbsbrät (vom Metzger)
1 TL scharfer Senf
2 EL Sahne · Chilipulver
2 Karotten
170 g Knollensellerie
1 Gewürzgurke
1 Scheibe gekochter Schinken
(ca. 1 cm dick)
1 EL Öl · 1 Zwiebel
1 TL Puderzucker
1–2 EL Tomatenmark
150 ml Rotwein
ca. 1/2 l Geflügelfond
je 5 Wacholderbeeren und
Pimentkörner
1–2 Lorbeerblätter
1 getrocknete rote Chilischote
(zerkleinert)
1/2 Knoblauchzehe
2 Scheiben Ingwer
1–2 EL Speisestärke
Salz · Pfeffer aus der Mühle

1 Das Fleisch auf der Arbeitsfläche auslegen. Das Kalbsbrät mit Senf und Sahne verrühren und mit 1 Prise Chilipulver würzen. Das Brät auf die Rouladen streichen. Die Karotten und den Sellerie putzen und schälen. 1 Karotte und 50 g Sellerie mit der Gurke und dem Schinken in Stifte schneiden und quer auf den Fleischscheiben verteilen. Die Längsseiten der Rouladen etwas einschlagen und das Fleisch von der schmalen Seite her aufrollen. Mit Rouladennadeln oder kleinen Holzspießen feststecken.

2 Das Öl in einer Pfanne erhitzen und die Rouladen darin rundum anbraten.

3 Die Zwiebel schälen und mit der restlichen Karotte und dem übrigen Sellerie in 1/2 cm große Würfel schneiden. Den Puderzucker in einen Topf stäuben und hell karamellisieren. Das Gemüse hinzufügen und ohne Fett darin anbraten. Das Tomatenmark unterrühren und kurz mitrösten.

4 Mit dem Wein ablöschen und 4 bis 5 Minuten sämig einköcheln lassen, dann zwei Drittel Fond angießen. Den Bratensatz der Rouladen mit dem restlichen Fond ablöschen und dazugießen. Die Rouladen in den Topf geben und zugedeckt 2 bis 2 1/2 Stunden schmoren.

5 Nach 40 Minuten Garzeit Wacholderbeeren und Pimentkörner sowie die Lorbeerblätter, Chili, den geschälten Knoblauch und den Ingwer hinzufügen. Die Rouladen herausnehmen. Die Sauce durch ein Sieb streichen, dabei das Gemüse etwas ausdrücken.

6 Die Speisestärke mit etwas Wasser glatt rühren. Unter die Sauce rühren und einmal aufkochen lassen, mit Salz und Pfeffer würzen. Die Rouladen in der Sauce nochmals erhitzen. Die Rouladennadeln entfernen, das Fleisch in Scheiben schneiden und mit der Sauce auf vorgewärmten Tellern anrichten. Dazu passen Kartoffeln, Spätzle, Nudeln oder Kartoffelpüree.

Schuhbecks Küchentipp

Wenn Sie kein Kalbsbrät bekommen, können Sie die Rouladen statt-
dessen auch dünn mit scharfem Senf bestreichen.

Schwäbischer Rostbraten
mit Kartoffel-Endivien-Püree

Zutaten für 4 Personen

Für den Rostbraten:

3 Zwiebeln · 2 EL Öl

1 TL Puderzucker

1 EL Tomatenmark

150 ml Rotwein

*800 ml Geflügel- oder
Rinderfond*

3 Scheiben Ingwer

1 Knoblauchzehe (in Scheiben)

2 Lorbeerblätter

6 Wacholderbeeren

1 Stück Vanilleschote (ca. 1 cm)

1 Splitter Zimtrinde · Chilisalz

*4 Streifen unbehandelte
Orangenschale*

*4 Scheiben Rinderlende
(à ca. 1 cm dick)*

Für das Püree:

1 kg mehlig kochende Kartoffeln

1/2 l Gemüsebrühe

200 ml Milch

*2 EL braune Butter
(siehe Tipp S. 46)*

frisch geriebene Muskatnuss

2 große Endivienblätter

Außerdem:

ca. 200 ml Öl zum Frittieren

2 Zwiebeln

70 g doppelgriffiges Mehl

1 TL Paprikapulver (edelsüß)

1 Für den Rostbraten die Zwiebeln schälen, halbieren und in feine Streifen schneiden. In einem Topf 1 EL Öl erhitzen und die Zwiebeln darin bei mittlerer Hitze hell braten. Den Puderzucker darüberstäuben und leicht karamellisieren. Das Tomatenmark unterrühren und kurz anrösten. Mit Wein ablöschen und fast vollständig einköcheln lassen. 3/4 l Fond angießen, Ingwer und Knoblauch dazugeben und in der Sauce knapp unter dem Siedepunkt 45 Minuten ziehen lassen. Nach 30 Minuten Lorbeerblätter, Wacholderbeeren, Vanilleschote, Zimt, Chilisalz und Orangenschale dazugeben und einige Minuten in der Sauce ziehen lassen. Die Gewürze wieder entfernen.

2 Das restliche Öl in einer Pfanne erhitzen und die Fleischscheiben darin bei mittlerer Hitze auf beiden Seiten kurz anbraten. Das Fleisch in die Sauce legen und einige Minuten ziehen lassen. Den Bratensatz mit dem restlichen Fond ablöschen und unter die Sauce mischen.

3 Für das Püree die Kartoffeln schälen, waschen, in etwa 1 cm große Würfel schneiden, in der Brühe weich garen und abgießen. 1 Handvoll der gekochten Kartoffelwürfel beiseitestellen, die restlichen Kartoffeln mit dem Kartoffelstampfer zerdrücken. Die Milch erhitzen und mit der Butter mit einem Kochlöffel unter die zerdrückten Kartoffeln rühren. Das Püree mit Muskatnuss würzen. Die Endivienblätter waschen, trocken tupfen, in feine Streifen schneiden und mit den restlichen Kartoffelwürfeln unter das Püree mischen.

4 Zum Frittieren reichlich Öl in einem Topf auf 170 °C erhitzen. Die Zwiebeln schälen und in Ringe schneiden. Das Mehl mit dem Paprikapulver mischen, die Zwiebelringe darin wenden und überschüssiges Mehl abschütteln. Die Zwiebeln im heißen Öl knusprig braun frittieren. Mit dem Schaumlöffel herausheben und auf Küchenpapier abtropfen lassen. Den Rostbraten mit der Sauce und dem Püree auf vorgewärmten Tellern anrichten und mit den Röstzwiebeln bestreuen.

Schuhbecks Küchentipp

Soll das Fleisch innen noch rosa sein, brät man es auf beiden Seiten nur so lange, bis an der Oberfläche Fleischsafttropfen sichtbar werden. Dann lässt man den Braten noch kurz in der Sauce ziehen.

Rheinischer Sauerbraten
mit Kartoffelknödeln und Blaukraut

Zutaten für 4 Personen

Für den Sauerbraten:

1 ¹/2 kg Schaufelbug (flache Rinderschulter; küchenfertig)

1 EL Öl · 2 Zwiebeln

100 g Knollensellerie

1 Karotte · 2 TL Puderzucker

1–2 EL Tomatenmark

¹/4 l Rotwein · ¹/2 l Rinderfond

je ¹/2 TL schwarze Pfeffer- und Pimentkörner · 3 Gewürznelken

¹/2 ausgekratzte Vanilleschote

¹/2 TL Wacholderbeeren

1 Splitter Zimtrinde

1 Lorbeerblatt

2 Scheiben Ingwer

1 getrocknete rote Chilischote

2 EL Rosinen

2–3 EL milder Rotweinessig

2–3 EL Aceto balsamico

1 Kräuterprinte (ersatzweise ¹/2 Saucenlebkuchen)

3 Scheiben unbehandelte Zitronenschale

1 Stück Zartbitterschokolade

Für das Rinderfilet:

800 g Rinderfilet · 1 EL Öl

Für das Blaukraut:

200 ml kräftiger Rotwein

100 ml Portwein

800 g Rotkohl · Salz · Zucker

1 Für den Sauerbraten das Fleisch waschen und trocken tupfen. Das Öl in einer Pfanne erhitzen und den Braten darin bei mittlerer Hitze rundum anbraten. Die Zwiebeln schälen, den Sellerie und die Karotte putzen und schälen und alles in 1 cm große Würfel schneiden. Den Puderzucker in einem großen Topf karamellisieren und Zwiebeln, Sellerie und Karotten darin andünsten. Das Tomatenmark dazugeben, kurz anrösten, mit dem Wein ablöschen und sirupartig einköcheln lassen. Das Fleisch hineingeben, den Fond angießen und das Fleisch knapp unter dem Siedepunkt 3 Stunden ziehen lassen.

2 Pfeffer, Piment, Nelken, Vanilleschote, Wacholderbeeren und Zimt in einer Pfanne kurz anrösten und mit dem Lorbeerblatt, dem Ingwer und der Chilischote nach 2 ¹/2 Stunden zum Fleisch geben. Am Ende der Garzeit das Fleisch herausnehmen und beiseitestellen, die Sauce durch ein Sieb streichen. Rosinen, beide Essigsorten, zerbröckelte Printe, Zitronenschale und Schokolade dazugeben. Die Zitronenschale nach einigen Minuten entfernen und das Fleisch in die Sauce legen.

3 Für das Rinderfilet den Backofen auf 100 °C vorheizen, ein Ofengitter auf die mittlere Schiene und darunter ein Abtropfblech schieben. Das Rinderfilet in einer Pfanne im Öl bei mittlerer Hitze rundum anbraten, auf das Ofengitter legen und je nach Dicke des Filets 1 ¹/2 bis 2 Stunden rosa durchziehen lassen.

4 Für das Blaukraut Rotwein und Portwein in einem Topf auf etwa ein Drittel einkochen. Den Rotkohl putzen, die äußeren Blätter entfernen und den Strunk herausschneiden. Den Kohl auf dem Gemüsehobel in feine Streifen hobeln, mit je 1 Prise Salz und Zucker würzen und gut untermischen. Den eingekochten Rotwein über den Kohl geben und etwa 3 Stunden, am besten über Nacht, durchziehen lassen.

5 Die Zwiebel schälen, vierteln und in feine Scheiben schneiden. In einem Topf ohne Fett bei milder Hitze kurz andünsten, den Puderzucker darüberstäuben und hell karamellisieren. Den Rotkohl dazugeben, Pfeffer, Zimt, Vanille, Nelken und Piment in ein Gewürzsäckchen füllen, das Säckchen verschließen und mit dem Lorbeerblatt zum Kohl geben. Die Brühe angießen, den Deckel so auf den Topf legen, dass noch ein Spalt offen bleibt, und den Kohl etwa 45 Minuten köcheln lassen. Das Gewürzsäckchen wieder entfernen, die Schokolade hinzufügen und das Blaukraut mit Salz und Pfeffer würzen.

1 mittelgroße Zwiebel
1 EL Puderzucker
1/2 TL schwarze Pfefferkörner
1 Zimtsplitter
1 Stück ausgekratzte
Vanilleschote
2 Gewürznelken
5 Pimentkörner
1 Lorbeerblatt
1/8 l Gemüsebrühe
1 TL gehackte Zartbitter-
schokolade
Pfeffer aus der Mühle

Für das Wurzelgemüse:
je 1 gelbe und orangefarbene
Karotte
2 Stangen Staudensellerie
Salz · 1 EL Butter
Chilisalz · frisch geriebene
Muskatnuss

Für die Kartoffelknödel:
400 g mehlig kochende Kartoffeln
Salz · 1 TL ganzer Kümmel
3 Scheiben Toastbrot
3 EL Butter
75 g doppelgriffiges Mehl · 2 Eier
2–3 EL Petersilie
(frisch geschnitten)
3 EL braune Butter
(siehe Tipp S. 46)
Pfeffer aus der Mühle
frisch geriebene Muskatnuss

6 Für das Wurzelgemüse die Karotten putzen und schälen, den Sellerie putzen und waschen und beides in etwa 2 cm breite Stücke schneiden. Das Gemüse in kochendem Salzwasser kurz blanchieren. In ein Sieb abgießen, kalt abschrecken und abtropfen lassen. Das Gemüse in einer Pfanne in der Butter bei mittlerer Hitze erwärmen und mit Chilisalz und Muskatnuss würzen.

7 Für die Kartoffelknödel die Kartoffeln waschen und in Salzwasser mit dem Kümmel weich garen. Abgießen und kurz ausdampfen lassen. Die Kartoffeln möglichst heiß pellen, durch die Kartoffelpresse drücken und die Kartoffelmasse auskühlen lassen.

8 Das Toastbrot entrinden und in etwa 1/2 cm große Würfel schneiden. Die Butter in einer Pfanne erhitzen und die Brotwürfel darin bei mittlerer Hitze goldbraun rösten. Die Kartoffelmasse mit Mehl, Eiern, Petersilie, gerösteten Brotwürfeln und brauner Butter mischen, mit Salz, Pfeffer und Muskatnuss kräftig würzen.

9 Die Kartoffelmasse halbieren und jeweils auf ein Tuch (Einwegpassiertuch, Küchentuch oder Stoffserviette) geben, zu einer etwa 5 cm dicken Rolle formen und an den Enden mit Küchengarn zubinden. Die Knödelmasse in einem Topf in siedendem Wasser etwa 30 Minuten gar ziehen lassen.

10 Zum Anrichten den Sauerbraten in Scheiben schneiden, auf vorgewärmte Teller verteilen und die Sauce daraufgeben. Das Rinderfilet und die Kartoffelknödel ebenfalls in Scheiben schneiden und mit dem Wurzelgemüse auf dem Braten anrichten. Das Blaukraut dazu servieren.

Schuhbecks Küchentipp

Mehlig kochende Kartoffeln sind der Garant für gute Knödel. Wenn Sie es einrichten können, empfiehlt es sich, die Knödelmasse schon am Vortag zuzubereiten. Dann kann die Masse über Nacht auskühlen, und die Knödel werden fester. Falls die Sauce zu flüssig sein sollte, kann sie nach Belieben noch mit etwas in kaltem Wasser angerührter Speisestärke leicht gebunden werden.

Westfälisches Töttchen
mit buntem Gemüse

Zutaten für 4 Personen

Für die Sauce:

1 Schalotte · 1–2 TL Puderzucker

80 ml Weißwein

350 ml Kalbsfond

2 Lorbeerblätter

1 getrocknete rote Chilischote

1 Gewürznelke

1 TL Pimentkörner

2 Scheiben Ingwer · 100 g Sahne

1 TL scharfer Senf

1 TL Sahnemeerrettich

(aus dem Glas)

1–2 TL Speisestärke · Salz

2 Streifen unbehandelte

Zitronenschale

1 TL Estragon (frisch geschnitten)

Für das Fleisch:

600 g Kalbsrücken (küchenfertig)

1 EL Öl · Salz · 350 ml Kalbsfond

300 g gekochte Kalbszunge

(enthäutet) · 1 Lorbeerblatt

1 getrocknete rote Chilischote

Für das Gemüse:

100 g Champignons

1 EL Öl · Salz · Chilisalz

gemahlener Kümmel

100 g Brokkoli · 100 g grüner

Spargel · 100 g Mini-Karotten

1 EL Butter

frisch geriebene Muskatnuss

1 Für die Sauce die Schalotte schälen und in feine Würfel schneiden. In einem Topf in dem Puderzucker bei milder Hitze leicht karamellisieren. Mit dem Wein ablöschen und fast vollständig einköcheln lassen. Den Fond dazugießen, Lorbeerblätter, Chilischote, Nelke, Piment, Ingwer, Sahne, Senf und Meerrettich dazugeben. Die Speisestärke mit etwas kaltem Wasser anrühren, nach und nach unter die Sauce rühren und etwa 2 Minuten köcheln lassen. Die Sauce mit Salz würzen. Die Zitronenschale hinzufügen, einige Minuten ziehen lassen und wieder entfernen. Anschließend die Sauce durch ein Sieb streichen, wieder in den Topf geben und den Estragon hinzufügen.

2 Für das Fleisch den Kalbsrücken zunächst in etwa 2 cm breite Scheiben und diese in etwa 1 cm dicke Streifen schneiden. Das Öl in einer Pfanne erhitzen und die Fleischstreifen darin bei mittlerer Hitze portionsweise etwa 2 Minuten anbraten, mit wenig Salz würzen und in die Sauce geben. Den Bratenfond in der Pfanne mit 50 ml Fond ablöschen und ebenfalls zur Sauce geben.

3 Die Kalbszunge waschen, trocken tupfen und in 1/2 cm dicke Scheiben schneiden. Den restlichen Kalbsfond mit Lorbeerblatt und Chilischote in einem Topf erhitzen und die Kalbszunge darin erwärmen.

4 Für das Gemüse die Champignons putzen, trocken abreiben und in einer Pfanne im Öl bei mittlerer Hitze leicht anbraten. Mit je 1 Prise Salz, Chilisalz und Kümmel würzen.

5 Den Brokkoli putzen, waschen und in die einzelnen Röschen teilen. Den Spargel waschen, nur im unteren Drittel schälen und die holzigen Enden abschneiden. Die Karotten putzen und schälen, dabei das Grün bis auf 1 cm abschneiden. Das Gemüse nacheinander (zuerst den Spargel, dann die Karotten und zuletzt den Brokkoli) in kochendem Salzwasser blanchieren, jeweils herausnehmen und kalt abschrecken.

6 Das Gemüse in einer Pfanne in der Butter bei milder Hitze erwärmen und mit Chilisalz und Muskatnuss würzen.

7 Das Fleisch mit der Sauce auf vorgewärmte tiefe Teller verteilen, die Kalbszunge daneben anrichten und das Gemüse dazu servieren.

Gefüllte Kalbsbrust
mit grünem Salat

Zutaten für 4 Personen
Für die Füllung:
200 g Laugenstangen
$^1/_2$ Zwiebel · 1 EL Butter
200 ml Milch · 2 Eier
Salz · Pfeffer aus der Mühle
Chiliflocken
frisch geriebene Muskatnuss
1 TL abgeriebene unbehandelte
Zitronenschale

Für die Kalbsbrust:
3 Zwiebeln
2 Karotten · 200 g Knollensellerie
2 kg Milchkalbsbrust · 1 EL Öl
1 TL Puderzucker
1 TL Tomatenmark
$^1/_4$ l Rotwein · $^1/_2$ l Geflügelbrühe
1 Lorbeerblatt
1–2 TL Speisestärke
1 halbierte Knoblauchzehe
1 Scheibe Ingwer
1 Zweig Rosmarin
1 Streifen unbehandelte
Zitronenschale
Salz · Pfeffer aus der Mühle

Für den Salat:
$^1/_2$ Kopfsalat · 1 EL Olivenöl
1 EL Rapsöl · 1 EL Zitronensaft
Chilisalz · Zucker
4 EL frisch geschnittene Kräuter
(z. B. Petersilie, Dill, Basilikum)

1 Für die Füllung die Laugenstangen in Würfel schneiden. Die Zwiebel schälen, in feine Würfel schneiden und in einer Pfanne in der Butter andünsten. Die Milch erwärmen, die Eier mit dem Schneebesen unterrühren und die Eiermilch mit Salz, Pfeffer, Chiliflocken, Muskatnuss und Zitronenschale würzen und mit dem Schneebesen verrühren. Die Eiermilch über die Laugenstangenwürfel gießen, die Zwiebel dazugeben und alles gut mischen. Die Brotmasse kurz ziehen lassen.

2 Für die Kalbsbrust die Zwiebeln schälen und in Spalten schneiden. Karotten und Sellerie putzen, schälen und in grobe Stifte schneiden.

3 In die Kalbsbrust mit einem scharfen Messer vorsichtig eine Tasche einschneiden. Die Brust mit der Brotmasse nicht zu prall füllen, die offene Seite mit Rouladennadeln verschließen oder mit Küchengarn zunähen. Das Fleisch in einer Pfanne im Öl bei mittlerer Hitze rundum anbraten und wieder herausnehmen. Die Pfanne mit Küchenpapier entfetten und das Gemüse in der heißen Pfanne ohne Fett andünsten.

4 Den Backofen auf 150 °C vorheizen. Den Puderzucker in einem großen Schmortopf karamellisieren, das Tomatenmark unterrühren und kurz anrösten. Mit dem Wein ablöschen und sämig einkochen lassen, dann die Brühe angießen. Die Kalbsbrust hineinlegen und im Ofen auf der mittleren Schiene etwa 3 $^1/_2$ Stunden schmoren lassen, dabei immer wieder mit dem Schmorsud begießen. Nach 2 Stunden das Gemüse hinzufügen.

5 Die Kalbsbrust aus dem Schmortopf nehmen und warm stellen. Die Sauce durch ein Sieb gießen, das Gemüse beiseitestellen. Die Sauce mit dem Lorbeerblatt auf etwa zwei Drittel einköcheln lassen. Die Speisestärke mit wenig kaltem Wasser glatt rühren, unter die Sauce rühren und 2 Minuten leicht köcheln lassen. Knoblauch, Ingwer, Rosmarin und Zitronenschale einige Minuten in der Sauce ziehen lassen und wieder entfernen. Die Sauce zum Gemüse geben, mit Salz und Pfeffer würzen und nochmals erhitzen.

6 Für den Salat den Kopfsalat putzen, waschen und trocken schleudern. Beide Ölsorten mit dem Zitronensaft, dem Chilisalz und 1 Prise Zucker in einer Schüssel verrühren. Die Kräuter unterrühren und die Kopfsalatblätter damit marinieren. Die Kalbsbrust in Scheiben schneiden und mit etwas Schmorgemüse und Sauce auf vorgewärmten Tellern anrichten. Den Salat dazu servieren.

Schwäbische Kalbsvögerl
mit Ei und Schinken

Zutaten für 4 Personen

1/2 kleine Karotte

100 g Knollensellerie

2 kleine Zwiebeln

50 g geräucherter Schinken

3 EL Öl · 1–2 EL Tomatenmark

400 ml Geflügelbrühe

80 g stückige Tomaten

(aus der Dose)

je 1 EL Piment-, Koriander- und

schwarze Pfefferkörner

1 TL Zimtsplitter

1 zerbröseltes Lorbeerblatt

4 Eier

4 Kalbsschnitzel (à ca. 120 g;

aus der Oberschale) · Salz

1–2 EL scharfer Senf

4 Scheiben Schwarzwälder

Schinken

1 TL Speisestärke

1 EL kalte Butter

mildes Chilipulver

1 halbierte Knoblauchzehe

2 Scheiben Ingwer

1 Streifen unbehandelte

Zitronenschale

1 Für die Sauce Karotte und Sellerie putzen und schälen. Die Karotte längs halbieren und in dünne Scheiben schneiden, den Sellerie zuerst in Streifen und diese in dünne Scheiben schneiden. Die Zwiebel schälen und in etwa 1 cm große Würfel schneiden. Den Schinken in Streifen schneiden. In einer tiefen Pfanne 2 EL Öl erhitzen und alle Gemüsesorten mit dem Schinken darin andünsten. Das Tomatenmark dazugeben und kurz anrösten. 300 ml Brühe mit den Tomaten hinzufügen und 30 Minuten sanft schmoren lassen.

2 Für die Gewürzischung Piment, Koriander, Pfeffer, Zimt und Lorbeerblatt in die Gewürzmühle füllen.

3 Für die Rouladen die Eier 8 Minuten kochen, kalt abschrecken und pellen. Die Kalbsschnitzel zwischen zwei Lagen Frischhaltefolie flach klopfen. Mit Salz würzen, mit Senf bestreichen und mit der Gewürzmischung bestreuen. Die Schnitzel mit je 1 Scheibe Schinken belegen und je 1 Ei daraufsetzen. Die Fleischscheiben aufrollen und die Enden mit Rouladennadeln feststecken.

4 Das restliche Öl in einer Pfanne erhitzen, die Rouladen darin bei mittlerer Hitze rundum anbraten und in die Sauce legen. Die Pfanne mit Küchenpapier trocken tupfen. Den Bratensatz mit 100 ml Brühe ablöschen und zur Sauce geben. Die Rouladen zugedeckt bei milder Hitze etwa 1 Stunde in der Sauce schmoren.

5 Die Rouladen aus der Sauce nehmen. Die Speisestärke mit etwas kaltem Wasser glatt rühren und unter die köchelnde Sauce rühren, bis diese leicht sämig bindet. Die Sauce nach Belieben mit Sahne verfeinern. Die Butter unterrühren und die Sauce mit Salz, Chilipulver und der Mischung aus der Mühle würzen. Knoblauch, Ingwer und Zitronenschale einige Minuten in der Sauce ziehen lassen und wieder entfernen. Die Rouladen wieder in die Sauce legen und erwärmen. Die Rouladen mit der Sauce auf vorgewärmten Tellern servieren, als Beilage dazu passen Kartoffelpüree und Spätzle.

Kalbsnieren auf Orangen-Senf-Sauce
mit Kartoffel-Apfel-Püree

Zutaten für 4 Personen
Für die Nieren:
einige Stiele Petersilie
4 Streifen unbehandelte
Zitronenschale
1/4 l Milch · 3 Kalbsnieren
1–2 EL Öl
Salz · Pfeffer aus der Mühle

Für das Püree:
1 kg mehlig kochende Kartoffeln
Salz · 1/2 TL ganzer Kümmel
1/4 l Milch · 2 EL braune Butter
(siehe Tipp S. 46)
frisch geriebene Muskatnuss
4 Scheiben Frühstücksspeck
2 EL Öl · 1 Zwiebel · 1 Apfel

Für die Sauce:
100 ml Gemüsebrühe
2 cl Orangenlikör · 100 g Sahne
je 1–2 TL scharfer und süßer Senf
1 kleines Stück Butter
1/2 TL abgeriebene unbehandelte
Orangenschale · Chilisalz

Für den Salat:
50 ml Orangensaft · 1 TL Dijonsenf
Salz · Zucker
Chilipulver
2 EL Olivenöl
150 g frisch geschnittene Kräuter
(z. B. Basilikum, Dill, Kerbel)

1 Für die Nieren Petersilienstiele, Zitronenschale und Milch in eine Schüssel geben. Die Nieren hineinlegen und einige Stunden, am besten über Nacht, im Kühlschrank ziehen lassen.

2 Die Nieren waschen, trocken tupfen und in die einzelnen Röschen teilen, dabei das restliche Fett entfernen. Das Öl in einer großen Pfanne erhitzen und die Nieren darin bei mittlerer Hitze anbraten, vom Herd nehmen und in der Resthitze etwas ziehen lassen. Mit Salz und Pfeffer würzen und kurz ruhen lassen.

3 Für das Püree die Kartoffeln waschen und in Salzwasser mit dem Kümmel weich garen. Abgießen, noch heiß pellen und durch die Kartoffelpresse drücken. Die Milch erhitzen und mit einem Kochlöffel unter die Kartoffeln rühren. Die braune Butter hinzufügen und das Püree mit Salz und Muskatnuss würzen.

4 Den Speck in einer Pfanne im Öl auf beiden Seiten knusprig braun braten und auf Küchenpapier abtropfen lassen.

5 Die Zwiebel schälen. Den Apfel waschen, vierteln, das Kerngehäuse entfernen und die Apfelviertel ebenso wie die Zwiebel in feine Würfel schneiden. Aus der Speckpfanne das Öl mit Küchenpapier entfernen, die Zwiebel- und Apfelwürfel in der Pfanne andünsten und unter das Kartoffelpüree mischen.

6 Für die Sauce Brühe, Likör und Sahne aufkochen lassen und beide Senfsorten unterrühren. Die Butter hinzufügen und schmelzen lassen, die Sauce mit Orangenschale und Chilisalz würzen.

7 Für den Salat den Orangensaft mit dem Senf sowie je 1 Prise Salz, Zucker und Chilipulver mit dem Stabmixer verrühren, dabei langsam das Olivenöl hinzufügen. Das Dressing mit den Kräutern mischen.

8 Die Nierenröschen auf vorgewärmten Tellern wieder wie eine Niere zusammensetzen, die Senfsauce angießen und mit den Kräuterblättchen garnieren. Das Püree mit dem Speck dazu reichen.

Himmel und Erde
mit Zwiebeln und Speck

Zutaten für 4 Personen

1 kg mehlig kochende Kartoffeln

Salz · 1/2 TL ganzer Kümmel

200–250 ml Milch

1 EL Butter

2 EL braune Butter

(siehe Tipp S. 46)

mildes Chilipulver

frisch geriebene Muskatnuss

1 kg säuerliche Äpfel (z. B. Boskop

oder Braeburn)

1 Msp. abgeriebene unbehandelte

Zitronenschale

2 Zwiebeln

200 g Frühstücksspeck

2–3 EL Öl

500 g Blutwurst

doppelgriffiges Mehl

1 Für den Kartoffel-Apfel-Stampf die Kartoffeln waschen und in Salzwasser mit dem Kümmel weich garen. Abgießen, noch heiß pellen und mit einem Kartoffelstampfer zerdrücken. Die Milch erhitzen und mit einem Kochlöffel unter die Kartoffeln rühren. Butter und braune Butter hinzufügen und den Kartoffelbrei mit Salz, Chilipulver und Muskatnuss würzen.

2 Die Äpfel schälen, vierteln und die Kerngehäuse entfernen. Das Fruchtfleisch in 1/2 bis 1 cm große Würfel schneiden. Die Apfelwürfel mit 200 ml Wasser in eine breite, tiefe Pfanne oder einen Topf geben und zugedeckt bei mittlerer Hitze 3 bis 5 Minuten dünsten. Dann den Deckel abnehmen und die Flüssigkeit verdampfen lassen. Die Apfelwürfel sollten weich sein, aber nicht zerfallen. Die gegarten Äpfel mit der Zitronenschale unter den Kartoffelbrei mischen.

3 Die Zwiebeln schälen und in Ringe schneiden. Den Speck in Streifen schneiden. In einer Pfanne 1 EL Öl erhitzen und den Speck darin etwas anbraten. Die Zwiebeln dazugeben und leicht anbraten.

4 Die Blutwurst in gut 1 cm dicke Scheiben schneiden, in doppelgriffigem Mehl wenden und in einer beschichteten Pfanne im restlichen Öl auf beiden Seiten anbraten.

5 Den Kartoffel-Apfel-Stampf auf vorgewärmte Teller verteilen, die Blutwurstscheiben daneben anrichten und mit den Speckzwiebeln garniert servieren.

Schuhbecks Küchentipp

Damit die Blutwurst beim Braten schön saftig bleibt und nicht zerfällt, ist es wichtig, dass sie in nicht zu dünne Scheiben geschnitten wird. Außerdem muss sie in Mehl, am besten in doppelgriffigem Mehl oder Instant-Mehl, gewendet werden, bevor man sie in einer gut vorgeheizten Pfanne im Öl braten kann.
Der Kartoffel-Apfel-Stampf eignet sich auch gut als Beilage zu gebratener Ente oder zu Wildgerichten.

Königsberger Klopse
mit Zitronen-Kapern-Sauce

Zutaten für 4 Personen
Für die Klopse:
1 Zwiebel · 2 Lorbeerblätter
3 Gewürznelken
2 l Kalbsfond (ersatzweise
Geflügel- oder Gemüsebrühe)
1 getrocknete rote Chilischote
100 g Toastbrot · 50 ml Milch
5 eingelegte Sardellenfilets
500 g Kalbshackfleisch
2 Eier · 1 EL scharfer Senf
1/2 TL abgeriebene unbehandelte
Zitronenschale
2 EL Petersilie (frisch geschnitten)
frisch geriebene Muskatnuss
Chilisalz
1 EL getrocknete Champignons

Für die Sauce und den Reis:
80 g Langkornreis · Salz
80 g Zuckererbsenschoten
2 Tomaten
50 ml Gemüsebrühe
10 g braune Butter (siehe
Tipp S. 46) · Chilisalz
frisch geriebene Muskatnuss
1 Msp. abgeriebene unbe-
handelte Limettenschale
3 EL Speisestärke
100 g Sahne · 1 EL Kapern
1 Streifen unbehandelte Zitronen-
schale · einige Spritzer Zitronen-
saft · 2 EL Butter

1 Für die Klopse die Zwiebel schälen, die Lorbeerblätter darauflegen und mit den Nelken feststecken. Den Fond aufkochen, die gespickte Zwiebel und die Chilischote hinzufügen und knapp unter dem Siedepunkt 10 Minuten ziehen lassen.

2 Das Toastbrot entrinden und in kleine Würfel schneiden. Die Brotwürfel in eine Schüssel geben und mit der Milch übergießen. Die Sardellen fein hacken und mit Hackfleisch, Eiern, Senf, Zitronenschale, Petersilie, Muskatnuss, etwas Chilisalz und den eingeweichten Brotwürfeln zu einer glatten Masse mischen. Die Hackmasse mit angefeuchteten Händen zu etwa golfballgroßen Klopsen formen. Die Klopse in die heiße Brühe geben und knapp unter dem Siedepunkt 10 bis 20 Minuten ziehen lassen. Nach 15 Minuten Chilischote und getrocknete Champignons dazugeben.

3 Für die Sauce 3/4 l Brühe abnehmen und durch ein Sieb gießen, die Klopse in der restlichen Brühe zugedeckt warm halten.

4 Den Reis in Salzwasser gar kochen. Die Zuckererbsenschoten putzen und waschen, in kochendem Salzwasser blanchieren, in ein Sieb abgießen, kalt abschrecken und in kleine Rauten schneiden. Die Tomaten kreuzweise einritzen, überbrühen, kalt abschrecken, häuten, vierteln, entkernen und in 1/2 cm große Würfel schneiden.

5 Den Reis mit der Gemüsebrühe in einen Topf geben, Tomaten, Zuckererbsen und braune Butter dazugeben und erwärmen. Alles mit Chilisalz, Muskatnuss und Limettenschale abschmecken.

6 Für die Sauce die Speisestärke mit wenig kaltem Wasser glatt rühren. Die abgemessene Brühe mit der Sahne aufkochen, die angerührte Speisestärke unterrühren und 5 Minuten leicht köcheln lassen. Den Topf vom Herd nehmen und die Kapern unterrühren. Die Zitronenschale 2 Minuten darin ziehen lassen und wieder entfernen. Die Sauce mit dem Zitronensaft abschmecken. Zum Schluss die Butter unterrühren.

7 Die Klopse aus der Brühe heben und mit der Sauce auf vorgewärmten tiefen Tellern anrichten. Den Reis dazu reichen und nach Belieben mit Kapernäpfeln garniert servieren.

Pfälzer Saumagen
mit gebratenem Kopfsalat und Zitronensauce

Zutaten für 4 Personen

Für den Saumagen:

1–2 EL getrocknete Toten-
trompeten

3 Scheiben Toastbrot

100 g gekochter Hinterschinken

150 g Zwiebeln, Karotten und
Zucchini · Salz · 1 EL Butter

300 g Kalbsbrät (vom Metzger)

1 EL Sherry · 3–4 EL Sahne

1 TL getrockneter Majoran

1 EL Dijonsenf

Salz · Pfeffer aus der Mühle

frisch geriebene Muskatnuss

2 EL Petersilie (frisch geschnitten)

Für die Sauce:

1 große festkochende
Kartoffel (ca. 100 g)

1/2 l Gemüsebrühe

1 TL Puderzucker

80 ml Weißwein

1 EL Zitronensaft

1 Msp. abgeriebene unbehandelte
Zitronenschale

50 g Sahne · gemahlene Kurkuma

Chiliflocken · 1 EL Butter · Salz

Für den Kopfsalat:

2 Kopfsalatherzen

1 EL Butter · Chilisalz

frisch geriebene Muskatnuss

1 Für den Saumagen die Totentrompeten kurz in Wasser aufkochen und etwa 20 Minuten ziehen lassen. Inzwischen das Toastbrot entrinden und ebenso wie den Schinken in 1/2 cm große Würfel schneiden. Die Zwiebeln schälen, die Karotten putzen und schälen, die Zucchini putzen und waschen. Alle Gemüsesorten in sehr feine Würfel schneiden, kurz in kochendem Salzwasser blanchieren, abgießen, kalt abschrecken und abtropfen lassen. Die Brotwürfel in einer Pfanne in der Butter bei mittlerer Hitze goldbraun rösten. Die Pilze abgießen, das Wasser gut ausdrücken und grob hacken.

2 Das Kalbsbrät mit dem Sherry und der Sahne verrühren. Majoran, Schinken, Croûtons, Zwiebeln, Karotten, Zucchini, Totentrompeten und Senf dazugeben und untermischen. Die Brätmischung mit Salz, Pfeffer, Muskatnuss und Petersilie würzen.

3 Einen Bogen Alufolie mit Frischhaltefolie belegen und die Brätmasse darauf zu einer Rolle formen, zuerst in Frischhalte-, dann in Alufolie (nicht zu fest) wickeln. In einem Topf reichlich Wasser bis knapp unter den Siedepunkt erhitzen und die Brätrolle darin bei 90 °C etwa 40 Minuten gar ziehen lassen.

4 Für die Sauce die Kartoffel schälen, waschen und in Würfel schneiden. Die Brühe in einem Topf erhitzen und die Kartoffelwürfel darin weich garen. In ein Sieb abgießen, dabei 1/4 l Brühe auffangen. Die Kartoffeln mit der Brühe wieder in den Topf geben.

5 Den Puderzucker in einer Pfanne bei mittlerer Hitze karamellisieren, mit Wein und Zitronensaft ablöschen und auf ein Drittel einköcheln lassen. Den eingekochten Wein, die Zitronenschale, die Sahne, je 1 Prise Kurkuma und Chiliflocken, die Butter und etwas Salz zu den Kartoffeln geben und mit dem Stabmixer pürieren.

6 Für den Kopfsalat die Salatherzen waschen, trocken tupfen und entstrunken, nach Belieben halbieren. Die Butter in einer Pfanne erhitzen und die Salatherzen darin bei mittlerer Hitze rundum andünsten. Mit Chilisalz und Muskatnuss würzen.

7 Die Sauce als Spiegel auf vorgewärmten Tellern verteilen. Den Saumagen aus den Folien wickeln, in 1 cm dicke Scheiben schneiden und darauf anrichten. Mit dem gebratenen Kopfsalat servieren.

Gebratene Leber Berliner Art
mit Apfel, Röstzwiebeln und Erbsenpüree

Zutaten für 4 Personen
Für die Röstzwiebeln:
ca. 200 ml Öl zum Frittieren
2 Zwiebeln
70 g doppelgriffiges Mehl
1 TL Paprikapulver (edelsüß)

Für die Leber:
600 g Kalbsleber (geputzt)
3 EL doppelgriffiges Mehl
2 EL Öl · 4 cl Sherry
150 ml Bratenfond
2–3 EL Butter
1 Salbeiblatt · Chilisalz
getrockneter Majoran

Für das Püree:
200 g mehlig kochende Kartoffeln
Salz · 750 g Tiefkühl-Erbsen
150 ml Gemüsebrühe
3 EL Butter · 30 g Sahne
frisch geriebene Muskatnuss
mildes Chilisalz
4–6 Minzeblätter

Außerdem:
1 großer Apfel
1 EL Butter
2 Zimtrinden
1/2 Vanilleschote

1 Für die Röstzwiebeln das Frittieröl auf 170 °C erhitzen. Die Zwiebeln schälen und in Ringe schneiden. Das Mehl mit dem Paprikapulver mischen, die Zwiebelringe darin wenden und überschüssiges Mehl abschütteln. Die Zwiebeln im heißen Öl knusprig braun frittieren. Mit dem Schaumlöffel herausheben, auf Küchenpapier abtropfen lassen.

2 Für die Leber die Kalbsleber waschen, trocken tupfen, in etwa 1/2 cm dicke Scheiben schneiden und im Mehl wenden. Das Öl in einer Pfanne erhitzen und die Leberscheiben darin zunächst auf einer Seite anbraten, bis an der Oberfläche Flüssigkeit austritt. Die Leber wenden und braten, bis wieder Flüssigkeit austritt. Die Leber aus der Pfanne nehmen und beiseitestellen.

3 Den Bratensatz mit Sherry ablöschen. Den Fond, die Butter und den Salbei sowie je 1 Prise Chilisalz und Majoran hinzufügen. Die gebratene Leber in die Sauce legen und kurz darin ziehen lassen.

4 Für das Püree die Kartoffeln waschen und in Salzwasser weich garen, abgießen, kurz ausdampfen lassen und pellen. Die Erbsen in der Brühe dünsten, abgießen und in einen hohen Rührbecher geben. Butter, Sahne, Muskatnuss und Chilisalz dazugeben und alles mit dem Stabmixer pürieren. Die Kartoffeln durch die Kartoffelpresse dazudrücken und unterrühren. Die Minzeblätter waschen, trocken tupfen, klein schneiden und unter das Erbsenpüree rühren.

5 Den Apfel waschen und vierteln, das Kerngehäuse entfernen und die Apfelviertel in Spalten schneiden. Die Butter in einer Pfanne erhitzen, Zimtrinden, Vanilleschote und Apfelspalten dazugeben und bei milder Hitze anbraten.

6 Die gebratenen Kalbsleberscheiben auf vorgewärmte Teller legen, die Sauce darüber verteilen und die Apfelspalten daneben anrichten. Das Erbsenpüree dazugeben und mit den Röstzwiebeln servieren.

Schuhbecks Küchentipp

Anstatt Öl kann man zum Braten auch braune Butter (siehe Tipp Seite 46) verwenden. Sie verbrennt nicht so schnell wie herkömmliche Butter und gibt dem Gericht einen leicht nussigen Geschmack.

Zweierlei vom Salzwiesenlamm
mit Paprika-Fenchel-Gemüse

Zutaten für 4 Personen

Für die Lammhaxen:

1 große Zwiebel

120 g Knollensellerie

1 Karotte · 2 EL Öl

4 Lammhinterhaxen

(à 300–350 g)

1 EL Puderzucker

1 EL Tomatenmark

100 ml roter Portwein

1/4 l kräftiger Rotwein

400 ml Lammfond (oder

Geflügelbrühe)

1 Zweig Rosmarin

1 EL getrocknete Champignons

3 Scheiben Ingwer

1 Knoblauchzehe (in Scheiben)

1 Lorbeerblatt

1 getrocknete rote Chilischote

1 kleines Stück Vanilleschote

1 Msp. Zimtpulver

2 Streifen unbehandelte

Zitronenschale

2 TL Speisestärke

1 Für die Lammhaxen die Zwiebel schälen, Sellerie und Karotte putzen und schälen und alles in 1/2 bis 1 cm große Würfel schneiden.

2 Das Öl in einer Pfanne erhitzen und die Lammhaxen darin bei mittlerer Hitze rundum anbraten. Inzwischen das Gemüse in einem Topf ohne Fett andünsten. Den Puderzucker darüberstäuben und hell karamellisieren. Das Tomatenmark unterrühren und kurz anrösten. Mit Portwein und Rotwein ablöschen und siruparig einköcheln lassen, den Fond angießen. Die Lammhaxen hineinlegen und knapp unter dem Siedepunkt etwa 2 1/2 Stunden ziehen lassen. Das Fleisch ist gar, wenn es sich leicht vom Knochen lösen lässt (siehe Tipp unten).

3 Nach 2 Stunden Rosmarin, getrocknete Champignons, Ingwer, Knoblauch, Lorbeerblatt, Chilischote, Vanille, Zimtpulver und Zitronenschale dazugeben. Die Lammhaxen herausnehmen, das Fleisch vom Knochen lösen und etwas zerkleinern. Die Sauce durch ein Sieb streichen. Die Speisestärke mit etwas kaltem Wasser glatt rühren und die Sauce damit binden. Die Lammhaxen in der Sauce warm halten.

Schuhbecks Küchentipp

Lammhaxen sind ideale Stücke zum Schmoren, allerdings benötigen sie mehrere Stunden, um gar zu werden. Die Garzeit variiert je nach Fleischqualität und hängt auch davon ab, wie lange die Haxen abgehangen sind. Um ganz sicher zu sein, dass das Fleisch pünktlich auf dem Tisch steht, wenn Sie z. B. Gäste erwarten, sollten Sie 3 1/2 Stunden vorher mit der Zubereitung der Haxen beginnen. Das Fleisch können Sie dann bis zum Servieren in der Sauce warm halten. Wenn Sie prüfen wollen, ob die Haxen gar sind, stechen Sie mit einer Fleischgabel in das Fleisch. Die Gabel muss sich leicht herausziehen lassen.

Für den Lammrücken:

1–2 TL Öl

2 Lammlachse

(Lammfilet; ca. 600 g)

4 EL Butter

2 Streifen unbehandelte

Zitronenschale

1 Knoblauchzehe (in Scheiben)

2 Scheiben Ingwer

Chilisalz · 1 Zimtrinde

1/2 Vanilleschote

Für das Gemüse:

1 Zucchino

je 1 gelbe und rote Paprikaschote

1 Fenchelknolle · Salz

1 EL Olivenöl

1 Knoblauchzehe

Chilisalz

1 Zweig Thymian

1 Stück Vanilleschote

4 Für den Lammrücken den Backofen auf 100 °C vorheizen. Ein Ofengitter auf die mittlere Schiene und darunter ein Abtropfblech schieben.

5 Das Öl in einer Pfanne erhitzen und die Lammlachse darin bei mittlerer Hitze rundum anbraten. Das Fleisch auf das Gitter legen und im Ofen 40 bis 45 Minuten rosa garen. Anschließend die Butter in einer Pfanne zerlassen. Die Gewürze hinzufügen und das Fleisch in der Gewürzbutter wenden.

6 Für das Gemüse den Zucchino putzen und waschen. Die Paprikaschoten längs halbieren, entkernen, waschen und mit dem Sparschäler schälen. Den Zucchino und die Paprikahälften in 2 cm große Stücke schneiden. Den Fenchel putzen und waschen, den Strunk entfernen und den Fenchel in breite Streifen schneiden. Kurz in kochendem Salzwasser blanchieren, in ein Sieb abgießen, kalt abschrecken und abtropfen lassen.

7 Das Olivenöl in einer Pfanne erhitzen und die Zucchini- und Paprikastücke darin andünsten. Den Fenchel dazugeben und mitgaren. Den Knoblauch schälen, in Scheiben schneiden und hinzufügen. Das Gemüse mit Salz, 1 Prise Chilisalz, Thymian und Vanille würzen.

8 Die Lammhaxen mit der Sauce auf vorgewärmten Teller anrichten. Den Lammrücken in Scheiben schneiden und mit dem Gemüse dazugeben. Nach Belieben mit Rosmarin garniert servieren.

Schuhbecks Küchentipp

Je nach Dicke der Lammrückenfilets reicht bereits eine Garzeit von 25 bis 30 Minuten, bis das Fleisch saftig rosa durchgezogen ist. Wenn man die Filets noch warm halten möchte, sollte man die Backofentemperatur auf 70 °C reduzieren. So bleiben sie mindestens noch 30 Minuten saftig. Lammrückenfilets werden häufig auch als Lammlachse angeboten – so bezeichnet man den ausgelösten Rücken, bei dem meist die Sehne bereits entfernt worden ist.

Geflügel
& Wild

Hahn in Riesling
mit Frühlingsgemüse

Zutaten für 4 Personen

Für den Hahn:

1 Masthähnchen (1,2–1,4 kg;
küchenfertig)

3 EL Öl

2 Zwiebeln · je 1/2 gelbe und
orangefarbene Karotte

1 EL Butter

80 ml Riesling

400 ml Geflügelfond

1 Knoblauchzehe (in Scheiben)

2 Scheiben Ingwer

1 Lorbeerblatt

1 Zimtsplitter

1 getrocknete rote Chilischote

6 Pimentkörner

1/2 TL Korianderkörner

1 Stück Vanilleschote

einige Stiele Petersilie

Für die Sauce:

80 g Sahne · Chilisalz

1 TL Speisestärke

1 EL kalte Butter

1 Streifen unbehandelte
Zitronenschale

Für das Gemüse:

500 g grüner Spargel · Salz

1 Bund Frühlingszwiebeln

150 g Champignons · 1 TL Öl

Salz · Pfeffer aus der Mühle

frisch geriebene Muskatnuss

1 Für den Hahn das Masthähnchen waschen, trocken tupfen und die Keulen und die Brüste auslösen. Die Keulen häuten. In einer Pfanne 2 EL Öl erhitzen und die Hähnchenkeulen darin bei mittlerer Hitze rundum anbraten.

2 Die Zwiebeln schälen, die Karotten putzen und schälen und beides in 1 cm große Würfel schneiden. Die Butter in einem Topf erhitzen und das Gemüse darin bei mittlerer Hitze andünsten. Die Keulen auf das Gemüse legen, mit Wein ablöschen und kurz einköcheln lassen.

3 Den Fond dazugießen und alles knapp unter dem Siedepunkt etwa 40 Minuten ziehen lassen. Knoblauch, Ingwer, Lorbeerblatt, Zimt, Chilischote, Piment, Koriander und Vanilleschote dazugeben. Etwa 10 Minuten vor Garzeitende die Petersilienstiele hinzufügen. Anschließend den Fond durch ein Sieb streichen.

4 In einer Pfanne 1 EL Öl erhitzen und die Hähnchenbrüste darin auf der Hautseite bei mittlerer Hitze kross anbraten. Wenden, vom Herd nehmen und in das Fleisch in der Resthitze durchziehen lassen.

5 Für die Sauce den Fond aufkochen, die Sahne hinzufügen und mit Chilisalz würzen. Die Speisestärke mit etwas kaltem Wasser glatt rühren und die Sauce damit binden. Die kalte Butter mit dem Stabmixer unterrühren, die Hähnchenkeulen und die Zitronenschale in die Sauce legen. Die Zitronenschale nach einigen Minuten wieder entfernen.

6 Für das Gemüse den Spargel waschen, im unteren Drittel schälen und die holzigen Enden entfernen. Die Frühlingszwiebeln putzen, waschen und ganz lassen. Die Champignons putzen, trocken abreiben und je nach Größe nach Belieben halbieren.

7 Den Spargel in kochendem Salzwasser blanchieren, kalt abschrecken und gut abtropfen lassen. Das Öl in einer Pfanne erhitzen und die Champignons darin bei mittlerer Hitze anbraten. Den Spargel und die Frühlingszwiebeln dazugeben und das Gemüse bissfest garen. Das Gemüse mit Salz, Pfeffer und Muskatnuss würzen.

8 Die Keulen und die halbierte Hähnchenbrust mit dem Gemüse und der Sauce auf vorgewärmten Tellern anrichten.

Hühnerfrikassee
mit Sahnesauce

Zutaten für 4 Personen

6 Poulardenkeulen (à 250 g)

1 Zwiebel

4 EL Butter

1/8 l Weißwein

600 ml Hühnerbrühe oder
Geflügelfond

1 kleines Lorbeerblatt

5 Pimentkörner

120 g Sahne

1–2 TL Speisestärke

1 Streifen unbehandelte
Zitronenschale

1 Zweig Thymian

Salz · Chilipulver

einige Spritzer Zitronensaft

1 Die Poulardenkeulen waschen und trocken tupfen. Die Keulen häuten, entbeinen und in 3 bis 4 Teile zerlegen. Die Zwiebel schälen und in feine Würfel schneiden.

2 In einem Schmortopf 2 EL Butter erhitzen und die Geflügelteile darin bei milder Hitze anbraten, ohne dass sie Farbe annehmen, und wieder herausnehmen. Die Zwiebel in den Topf geben und im Bratfett glasig dünsten. Mit dem Wein ablöschen und auf ein Drittel einköcheln lassen. Die Geflügelstücke dazugeben und die Brühe angießen. Das Lorbeerblatt und die Pimentkörner hinzufügen. Das Frikassee knapp unter dem Siedepunkt 20 Minuten garen, dabei den Deckel so auflegen, dass ein Spalt offen bleibt.

3 Die Geflügelteile herausnehmen, das Lorbeerblatt und die Pimentkörner entfernen und die Garflüssigkeit auf zwei Drittel einkochen lassen. Die Sahne dazugießen. Die Speisestärke mit etwas kaltem Wasser glatt rühren, nach und nach unter die Sauce rühren, bis sie bindet, und 2 Minuten leicht köcheln lassen.

4 Die restliche Butter mit dem Stabmixer unterrühren. Die Zitronenschale und den Thymianzweig hinzufügen, einige Minuten in der Sauce ziehen lassen und wieder entfernen. Die Sauce mit Salz, 1 Prise Chilipulver und Zitronensaft abschmecken.

5 Die Geflügelteile in der Sauce erwärmen. Das Hühnerfrikassee in vorgewärmten tiefen Tellern anrichten und nach Belieben mit Reis oder Nudeln servieren.

Schuhbecks Küchentipp

Das Frikassee kann auch mit Hähnchen- oder Poulardenbrust zubereitet werden – dann wird die Sauce separat fertiggestellt. Das Fleisch häuten, schräg in Streifen schneiden und portionsweise in einer Pfanne in wenig Öl anbraten. Danach gibt man es in die fertige Sauce und lässt es nur noch ziehen. Das Frikassee darf auf keinen Fall kochen, damit das Fleisch saftig bleibt.

Birnen, Bohnen und Speck
mit Hähnchenbrust

Zutaten für 4 Personen

Für Birnen, Bohnen und Speck:
150 g kleine Kartoffeln
2 reife Birnen (à 150 g)
150 g grüne Bohnen · Salz
100 g gut durchwachsener Bauchspeck · 1 EL Öl
1/2 l Gemüsebrühe
1 halbierte Knoblauchzehe
1 Scheibe Ingwer
1 Streifen unbehandelte Zitronenschale
Pfeffer aus der Mühle
getrocknetes Bohnenkraut
mildes Chilipulver

Für die Hähnchenbrust:
4 Hähnchenbrustfilets (à 150 g; mit Haut) · 1 EL Öl
2 EL Butter
1 Knoblauchzehe (in Scheiben)
2 Scheiben Ingwer
je 1 Streifen unbehandelte Zitronen- und Orangenschale
Chilisalz

1 Für Birnen, Bohnen und Speck die Kartoffeln schälen, waschen und in Spalten schneiden. Die Birnen schälen, vierteln und die Kerngehäuse entfernen. Das Fruchtfleisch in schmale Spalten schneiden und diese halbieren. Die Bohnen putzen, waschen, in 3 bis 4 cm lange Stücke schneiden und in kochendem Salzwasser bissfest garen. In ein Sieb abgießen, kalt abschrecken und abtropfen lassen. Den Speck in Streifen schneiden. Das Öl in einer Pfanne erhitzen und den Speck darin bei mittlerer Hitze kross braten.

2 Die Kartoffeln in der Brühe knapp unter dem Siedepunkt fast weich garen. Die Birnen hinzufügen und kurz mitgaren. Die Bohnen dazugeben und in der Brühe erhitzen. Knoblauch, Ingwer und Zitronenschale hinzufügen, einige Minuten in der Brühe ziehen lassen und wieder entfernen. Mit Salz, Pfeffer und je 1 Prise Bohnenkraut und Chilipulver würzen.

3 Für die Hähnchenbrust das Fleisch waschen und trocken tupfen. Den Backofen auf 100 °C vorheizen. Das Öl in einer ofenfesten Pfanne erhitzen und die Hähnchenbrustfilets darin rundum anbraten. Dann im Ofen auf der mittleren Schiene etwa 30 Minuten saftig durchziehen lassen. Die Butter in einer Pfanne mit Knoblauch, Ingwer, Zitronen- und Orangenschale erhitzen und mit Chilisalz würzen. Die Geflügelbrüste darin wenden.

4 Das Gemüse auf vorgewärmte tiefe Teller verteilen und mit den Speckstreifen bestreuen. Die gebratenen Hähnchenbrustfilets schräg in Scheiben schneiden und darauf anrichten.

Schuhbecks Küchentipp

»Birnen, Bohnen und Speck« ist ein traditioneller Eintopf, der meist solo serviert wird. In diesem Rezept hat das Kartoffel-Gemüse-Ragout eher den Stellenwert einer Beilage zu der gebratenen Hähnchenbrust. Ohne Kartoffeln zubereitet, ist das Bohnengemüse ein idealer Begleiter zu Wild und geschmortem Rindfleisch.

Fasanenbrust im Brotmantel
mit Champagnerkraut

Zutaten für 4 Personen

Für die Fasanenbrust:

*8 hauchdünne Scheiben
dunkles Brot (vom Vortag)*

150 g Kalbsbrät

3 EL Sahne · 1 EL Sherry

Koriander aus der Mühle

*2–3 EL Petersilie
(frisch geschnitten)*

Pfeffer aus der Mühle

4 Fasanenbrustfilets (à 80–100 g)

1 EL Öl

Für das Kraut:

1 große Zwiebel

50 ml Gemüsebrühe

1 TL Puderzucker

100 ml Champagner

800 g Sauerkraut (aus der Dose)

1 Lorbeerblatt

*je 1/2 TL Korianderkörner
und Wacholderbeeren*

*je 1 TL schwarze Pfeffer- und
Pimentkörner*

2 EL Apfelmus · 50 g Sahne

*1/2 TL abgeriebene unbehandelte
Orangenschale*

2 Scheiben Ingwer

Chilisalz

Zucker · 2 EL Butter

1/4 ausgekratzte Vanilleschote

1 Für die Fasanenbrust den Backofen auf 80 °C vorheizen. Ein Ofengitter auf die mittlere Schiene und darunter ein Abtropfblech schieben. Jeweils 2 Brotscheiben überlappend nebeneinanderlegen. Das Kalbsbrät mit Sahne und Sherry glatt rühren und mit Koriander aus der Mühle würzen. Mithilfe einer Palette auf die Brotscheiben streichen, die Petersilie darüberstreuen und mit Pfeffer würzen.

2 Die Fasanenbrustfilets waschen, trocken tupfen und in die Brotscheiben wickeln. Das Öl in einer Pfanne erhitzen und die eingewickelten Fasanenbrüste zunächst auf der Nahtseite, dann rundum bei milder Hitze goldbraun anbraten. Das Fleisch im Ofen auf dem Gitter 25 bis 30 Minuten saftig durchziehen lassen.

3 Für das Kraut die Zwiebel schälen, halbieren und in Streifen schneiden. Die Brühe in einem Topf erhitzen und die Zwiebel darin so lange dünsten, bis die Flüssigkeit eingekocht ist. Den Puderzucker darüberstäuben und leicht karamellisieren. Mit dem Champagner ablöschen und auf ein Drittel einkochen lassen.

4 Das Sauerkraut dazugeben. Lorbeerblatt, Koriander, Wacholder, Pfeffer und Piment in ein Gewürzsäckchen füllen, das Säckchen verschließen, zum Kraut geben und zugedeckt 30 Minuten köcheln lassen. Das Gewürzsäckchen wieder entfernen, das Apfelmus und die Sahne unter das Champagnerkraut mischen. Mit Orangenschale, Ingwer, Chilisalz und Zucker würzen und zuletzt die Butter unterrühren. Die Vanilleschote hinzufügen, einige Minuten in der Sauce ziehen lassen und mit dem Ingwer wieder entfernen.

5 Nach Belieben 1 EL Butter in einer Pfanne erhitzen und 100 g Maronen darin bei mittlerer Hitze erwärmen, mit Chilisalz würzen. Das Kraut auf vorgewärmten Tellern anrichten, das Fleisch in Scheiben schneiden und mit den Maronen dazugeben. Nach Belieben mit hellen Weintrauben und 2 EL Walnusskernhälften garnieren.

Gefüllte Bauernente
mit Kalbsbrät und Pistazien

Zutaten für 4 Personen

Für die Ente:

1 Bauernente (ca. 2¹/₂ kg;
küchenfertig)
2 Scheiben Toastbrot (entrindet)
1 EL Butter
1 EL getrocknete Totentrompeten
250 g Kalbsbrät · 4 EL Sahne
20 g Pistazien
40 g gekochte Kalbszunge
(enthäutet und gewürfelt)
frisch geriebene Muskatnuss
je 1 Msp. abgeriebene unbehandel-
te Zitronen- und Orangenschale
Chilisalz · Pfeffer aus der Mühle

Für die Sauce:

2 Zwiebeln, 1 kleine Karotte und
100 g Knollensellerie (geschält
und gewürfelt) · 1 EL Öl
2 TL Puderzucker
1 EL Tomatenmark · ¹/₄ l Rotwein
1,2 l Enten- oder Geflügelfond
je 2 Scheiben Ingwer und
Knoblauch
1 Lorbeerblatt
abgeriebene unbehandelte
Orangen- und Zitronenschale
1 Zimtsplitter
je 1 TL Wacholderbeeren und
Pimentkörner
1 TL Speisestärke

1 Für die Ente die Flügel der Ente bis auf 2 bis 3 cm abhacken. Die Ente waschen, trocken tupfen und mit dem Rücken nach oben auf die Arbeitsfläche legen. Entlang des Rückgrats einschneiden, dabei das Fleisch von der Karkasse und die Keulen aus den Gelenken lösen. Die andere Seite ebenso auslösen. Backofen auf 200°C Umluft vorheizen.

2 Mit dem Messer innen am Brustbein entlangfahren, ohne die Haut zu verletzen, und die Karkasse auslösen. Von den Keulen den Oberschenkelknochen auslösen und den Flügelknochen auslösen. Die Karkasse hacken, waschen und im Ofen auf der mittleren Schiene 20 bis 30 Minuten rösten.

3 Für die Füllung das Toastbrot in ¹/₂ cm große Würfel schneiden und in der Butter braun braten. Die Pilze mit Wasser einmal aufkochen lassen, abgießen und klein schneiden. Das Kalbsbrät mit der Sahne verrühren. Die Croûtons, die Pilze, die Pistazien und die Kalbszunge unterrühren. Mit Muskatnuss, Orangen- und Zitronenschale würzen.

4 Die Ente innen mit Chilisalz und Pfeffer würzen, die Füllung in der Mitte auf der Ente verteilen, das Fleisch darüber zusammenklappen, dabei die Enden überlappen lassen. Mit Rouladennadeln der Länge nach feststecken. Die Ente auf den Rücken drehen, in die ursprüngliche Form bringen und die Keulen mit Küchengarn zusammenbinden. Den Backofen auf 150°C Ober- und Unterhitze schalten. Ein Ofengitter auf die 2. Schiene von unten und darunter ein Abtropfblech schieben. Die Ente im Ofen auf dem Gitter 2 Stunden garen. Die Temperatur auf 200°C erhöhen und die Ente 1 Stunde knusprig braun braten. Rouladennadeln und Küchengarn entfernen und die Ente in Scheiben schneiden.

5 Für die Sauce das Gemüse in einer Pfanne im Öl andünsten. Den Puderzucker in einem Topf bei milder Hitze hell karamellisieren. Das Tomatenmark unterrühren, kurz anrösten, mit dem Wein ablöschen und sämig einköcheln lassen. Die gebräunten Knochen, die Gemüsewürfel und den Fond dazugeben und knapp unter dem Siedepunkt 2¹/₂ bis 3 Stunden ziehen lassen. 30 Minuten vor Ende der Garzeit alles durch ein feines Sieb abgießen, die Gewürze dazugeben und ziehen lassen. Die Speisestärke mit wenig kaltem Wasser glatt rühren, unter die Sauce rühren und 2 Minuten leicht köcheln lassen, bis sie bindet. Die Gewürze wieder entfernen. Die Ente mit der Sauce und Selleriesalat (siehe Seite 33) auf vorgewärmten Tellern servieren.

Rebhuhn
mit Rosenkohl und Schwarzwurzeln

Zutaten für 4 Personen
Für das Rebhuhn:
2 Rebhühner (à 400 g; küchenfertig)
2 Zwiebeln · 2 Karotten
200 g Knollensellerie · Salz
Pfeffer aus der Mühle
1–2 EL Öl · 1 EL Tomatenmark
200 ml Rotwein
50 cl roter Portwein · 2 cl Cognac
Zucker · 600 ml Geflügelbrühe
1 Streifen unbehandelte
Orangenschale · 2 cm Zimtrinde
2 Scheiben Ingwer · 1 Lorbeerblatt
1 kleiner Zweig Thymian
5 Wacholderbeeren (angedrückt)
1/2 TL schwarze Pfefferkörner
10 g getrocknete Pilze
1–2 TL Speisestärke
1 EL Preiselbeeren (aus dem Glas)
20 g kalte Butter

Für das Gemüse:
1–2 Schwarzwurzeln
2 Karotten · 100 g Rosenkohl
Salz · 100 ml Gemüsebrühe
1/2 Zimtrinde
1/2 ausgekratzte Vanilleschote
Pfeffer aus der Mühle
frisch geriebene Muskatnuss
Chilipulver
1 EL Butter · 1 EL braune Butter
(siehe Tipp S. 46)
1 EL Petersilie (frisch geschnitten)

1 Für das Rebhuhn die Rebhühner waschen und trocken tupfen, die Keulen und Flügel abtrennen. Aus den Keulen mit einem spitzen Messer die Oberschenkelknochen entfernen. Die Rebhuhnbrüste an der Karkasse lassen.

2 Die Zwiebeln schälen, Karotten und Sellerie putzen und schälen und alles in 1 bis 2 cm große Würfel schneiden. Keulen leicht mit Salz und Pfeffer würzen. Das Öl in einem Topf erhitzen, Keulen und Flügel darin bei mittlerer Hitze auf der Hautseite anbraten. Keulen wenden und mit den Flügeln aus dem Topf nehmen. Das Gemüse im Bratfett 1 bis 2 Minuten andünsten, das Tomatenmark unterrühren und kurz anrösten. Mit Rotwein, Portwein und Cognac ablöschen und die Flüssigkeit sirupartig einkochen lassen, mit 1 Prise Zucker würzen. Keulen und Flügel wieder hinzufügen, die Brühe angießen und das Fleisch bei milder Hitze knapp unter dem Siedepunkt 35 bis 45 Minuten weich schmoren. Nach 25 Minuten Orangenschale, Zimt, Ingwer, Lorbeerblatt, Thymian, Wacholderbeeren, Pfeffer und Trockenpilze dazugeben.

3 Den Backofen auf 130°C vorheizen. Ein Ofengitter auf die mittlere Schiene und ein Abtropfblech darunterschieben. Die Rebhuhnbrüste an der Karkasse innen und außen salzen und pfeffern. Die Brustseiten in einer Pfanne bei mittlerer Hitze im Öl rundum hell anbraten und im Ofen auf dem Gitter 20 bis 25 Minuten rosa garen.

4 Für das Gemüse die Schwarzwurzeln unter fließendem kaltem Wasser gründlich bürsten und schälen. Die Karotten putzen und schälen, beides schräg in Scheiben schneiden. Den Rosenkohl putzen, waschen und in Blätter zerteilen. Das Gemüse nacheinander in kochendem Salzwasser bissfest garen, mit dem Schaumlöffel herausnehmen, kalt abschrecken und abtropfen lassen. Rosenkohlblätter mit Brühe, Schwarzwurzeln, Karotten, Zimt und Vanille in einem Topf erhitzen. Mit Salz, Pfeffer und je 1 Prise Muskatnuss und Chili würzen. Zuletzt die Butter und die braune Butter mit der Petersilie dazugeben.

5 Die Keulen aus dem Topf nehmen, die Sauce durch ein Sieb streichen und etwa auf die Hälfte einkochen. Die Speisestärke mit etwas kaltem Wasser glatt rühren und unter die Sauce rühren. Die Preiselbeeren hinzufügen, die Sauce salzen und pfeffern und die Butter darin schmelzen lassen. Die Rebhuhnbrüste mit einem Messer von der Karkasse lösen und mit den Keulen, dem Gemüse und der Sauce servieren.

Pommersche Gänsekeulen
mit Dörrpflaumen

Zutaten für 4 Personen

2 Zwiebeln

1 Karotte

120 g Knollensellerie

1/4 Apfel

1 EL Puderzucker

1 EL Tomatenmark

1/4 l Rotwein

1/2 l Hühnerbrühe oder

Geflügelfond

6 EL Öl

4 Gänsekeulen (à 450–500 g)

2 EL zerlassene Butter · Salz

1 Lorbeerblatt

5 Pimentkörner

1/2 TL schwarze Pfefferkörner

4 Scheiben Ingwer

2 cl Rum

12 Dörrpflaumen

1 halbierte Knoblauchzehe

je 1 Streifen unbehandelte

Zitronen- und Orangenschale

Pfeffer aus der Mühle

getrockneter Majoran

1 Die Zwiebeln schälen, die Karotte und den Sellerie putzen und schälen. Alles in etwa 1 cm große Würfel schneiden. Das Apfelviertel entkernen und in Würfel schneiden.

2 Den Puderzucker in einem Topf hell karamellisieren, das Tomatenmark unterrühren und kurz anrösten. Mit der Hälfte des Weins ablöschen und sämig einkochen lassen. Den restlichen Wein hinzufügen und einköcheln lassen, dann die Brühe angießen. Den Backofen auf 150 °C vorheizen. In einer Pfanne 1 EL Öl erhitzen und das Gemüse darin andünsten. Das Gemüse auf einem tiefen Backblech verteilen und den Saucenansatz darübergießen.

3 Die Gänsekeulen mit der Butter bestreichen, salzen und mit der Hautseite nach oben auf das Gemüse setzen. Im Ofen auf der mittleren Schiene etwa 4 1/2 Stunden weich schmoren. Nach 4 Stunden das Lorbeerblatt, die Piment- und die Pfefferkörner in ein Gewürzsäckchen geben, das Säckchen verschließen und in die Sauce legen.

4 Inzwischen in einem Topf 100 ml Wasser aufkochen, die Ingwerscheiben dazugeben und knapp am Siedepunkt 10 Minuten ziehen lassen. Den Topf vom Herd nehmen, den Rum hinzufügen und die Dörrpflaumen in den Sud legen.

5 Am Ende der Garzeit die Keulen herausnehmen und nach Belieben das Gänsefett an der Oberfläche der Sauce abschöpfen. Die Sauce durch ein Sieb gießen, dabei das Gemüse durchstreichen. Die Dörrpflaumen mit der Einlegeflüssigkeit unter die Sauce rühren, den Ingwer entfernen. Den Knoblauch und die Zitrusschalen hinzufügen und einige Minuten in der Sauce ziehen lassen. Die Gewürze wieder entfernen und die Sauce mit Salz, Pfeffer und 1 Prise Majoran würzen.

6 Die Gänsekeulen mit der Sauce anrichten und nach Belieben Kartoffel-, Semmel- oder Brezenknödel dazu reichen.

Schuhbecks Küchentipp

Füllen Sie die Sauce zum Entfetten am besten in einen schmalen, hohen Behälter. Nach kurzer Zeit setzt sich das Fett an der Oberfläche ab, sodass man es mit dem Schöpflöffel abnehmen kann.

Gebratener Kaninchenrücken
mit Wurzelgemüse auf grüner Sauce

Zutaten für 4 Personen
Für das Gemüse:
je 1 gelbe und orangefarbene
Karotte
2 Stangen Staudensellerie
Salz · 1 EL Öl
frisch geriebene Muskatnuss
Pfeffer aus der Mühle

Für die Sauce:
50 g frisch geschnittene Kräuter
(z. B. Petersilie, Bärlauch, Kerbel,
Schnittlauch, Dill, Brunnenkresse,
Sauerampfer) · Salz
3 EL Gemüsebrühe
40 – 50 ml Rapsöl
100 g Schmand · Zucker
einige Spritzer Zitronensaft

Für den Kaninchenrücken:
1 EL Öl · 4 Kaninchenrückenfilets
(à 100 g; küchenfertig)
2 EL Butter
1 Knoblauchzehe (in Scheiben)
2 Scheiben Ingwer
1 Zimtsplitter
1/2 ausgekratzte Vanilleschote
3 EL Hühnerbrühe oder
Geflügelfond
je 1 kleiner Streifen unbehandelte
Zitronen- und Orangenschale

1 Für das Gemüse die Karotten putzen und schälen, den Sellerie putzen, waschen und beides in 2 bis 3 cm lange Stücke schneiden. In kochendem Salzwasser blanchieren, in ein Sieb abgießen, kalt abschrecken und abtropfen lassen. Das Öl in einer Pfanne erhitzen und das Gemüse darin bei mittlerer Hitze erwärmen und mit Muskatnuss, Salz und Pfeffer würzen.

2 Für die Sauce alle Kräuter waschen und, bis auf den Sauerampfer und den Schnittlauch, kurz in kochendem Salzwasser blanchieren. In ein Sieb abgießen, kalt abschrecken und das Wasser gut ausdrücken. Die Kräuter mit der Brühe in einen hohen Rührbecher geben und mit dem Stabmixer pürieren, dabei das Öl langsam einlaufen lassen. Sauerampfer und Schnittlauch klein schneiden und mit den pürierten Kräutern unter den Schmand rühren. Die grüne Sauce mit Salz, 1 Prise Zucker und etwas Zitronensaft abschmecken.

3 Für den Kaninchenrücken das Öl in einer Pfanne erhitzen und die Kaninchenrückenfilets darin bei mittlerer Hitze rundum anbraten. Die Butter in einer weiteren Pfanne zerlassen, Knoblauch, Ingwer, Zimt, Vanille, die Brühe sowie die Orangen- und Zitronenschale dazugeben und einige Minuten ziehen lassen. Das Fleisch in die Pfanne geben und in der Gewürzbutter wenden.

4 Die grüne Sauce auf vorgewärmte Teller verteilen und das Gemüse daraufgeben. Das Fleisch in Scheiben schneiden, daneben anrichten und mit etwas Gewürzbutter beträufelt servieren.

Schuhbecks Küchentipp

Frische Kräuter wie Petersilie und Bärlauch werden durch das Blanchieren milder im Geschmack, sie können jedoch auch frisch verwendet werden. Je nach Vorliebe können Sie die grüne Sauce z. B. auch mit Estragon, Basilikum oder Pimpinelle zubereiten. Diese Kräuter sollten jedoch nicht blanchiert werden.

Wildschweinrücken
mit Wickelklößen

Zutaten für 4 Personen
Für die Sauce:
2 Zwiebeln · 1 Karotte
150 g Knollensellerie
1–2 TL Puderzucker · 1 EL Toma-
tenmark · 300 ml Rotwein
3/4 l Wild- oder Geflügelfond
je 1 TL Wacholderbeeren, Korian-
der- und schwarze Pfefferkörner
1 Zimtsplitter · 2 Lorbeerblätter
1–2 TL Speisestärke

Für den Wildschweinrücken:
2 kg Wildschweinrücken
(küchenfertig; mit Knochen)
1 EL Öl · 4 EL Butter · 1 Zweig
Rosmarin · 2 Streifen unbehan-
delte Orangenschale
1 Knoblauchzehe (in Scheiben)
1 Zimtrinde · 2 Scheiben Ingwer
Chilisalz · 1 Vanilleschote

Für die Klöße:
600 g mehlig kochende Kartoffeln
Salz · 150 g doppelgriffiges Mehl
4 Eigelb · 4 EL braune Butter
(siehe Tipp S. 46)
Pfeffer aus der Mühle
frisch geriebene Muskatnuss
30 g Weißbrotbrösel · 3 EL Butter
60 g Frühstücksspeck · 1 EL Öl
1 EL Petersilie (frisch geschnitten)
Mehl für die Arbeitsfläche

1 Am Vortag für die Klöße die Kartoffeln waschen und in Salzwasser weich garen. Abgießen, kurz ausdampfen lassen, pellen, durch die Kartoffelpresse drücken und über Nacht auskühlen lassen.

2 Am nächsten Tag für die Sauce den Wildschweinrücken auslösen. Den Backofen auf 180 °C vorheizen. Die Knochen klein hacken, waschen, auf einem Backblech verteilen und im Ofen 30 Minuten hell bräunen. Das ausgetretene Fett entfernen. Zwiebeln schälen, Karotte und Sellerie putzen und schälen und alles in Würfel schneiden.

3 Das Gemüse in einem Topf ohne Fett andünsten. Den Puderzucker darüberstäuben und karamellisieren, das Tomatenmark unterrühren und kurz anrösten. Mit dem Wein ablöschen und einköcheln lassen. Die Knochen dazugeben, den Fond angießen und die Sauce knapp unter dem Siedepunkt gut 1 Stunde ziehen lassen.

4 Die Gewürze, bis auf die Lorbeerblätter, in einer Pfanne ohne Fett anrösten und mit dem Lorbeer in die Sauce geben. Nach weiteren 30 Minuten die Sauce durch ein feines Sieb streichen und mit der mit wenig kaltem Wasser glatt gerührten Speisestärke binden.

5 Für den Wildschweinrücken den Backofen auf 100 °C vorheizen. Ein Ofengitter auf die mittlere Schiene und darunter ein Abtropfblech schieben. Das Öl in einer Pfanne erhitzen, den Wildschweinrücken darin rundum anbraten und auf dem Gitter im Ofen etwa 50 Minuten saftig durchziehen lassen. Die Butter in einer Pfanne zerlassen, Rosmarin, Orangenschale, Knoblauch, Zimt, Ingwer, Chilisalz und Vanille dazugeben und den Wildschweinrücken darin wenden.

6 Für die Klöße die durchgedrückten Kartoffeln mit Mehl, Eigelben, brauner Butter, Salz, Pfeffer und etwas Muskatnuss zu einem glatten Kartoffelteig verkneten. Die Weißbrotbrösel in der Butter goldbraun rösten. Den Speck in kleine Würfel schneiden, im Öl goldbraun braten und auf Küchenpapier abtropfen lassen. Die Brösel mit Petersilie und Speck mischen. Den Kartoffelteig auf der bemehlten Arbeitsfläche zu einem Rechteck (40 x 15 cm) ausrollen. In 4 gleich große Stücke von 10 x 15 cm schneiden und auf ein Küchentuch legen. Die Brösel auf dem Teig verteilen, mithilfe des Tuchs einrollen und die Enden mit Küchengarn zubinden. Die Wickelköße in einem Topf in Salzwasser knapp unter dem Siedepunkt 20 Minuten ziehen lassen.

Hirschragout
mit Kartoffelknödeln

Zutaten für 4 Personen
Für die Knödel:
650 g mehlig kochende Kartoffeln
Salz · 1 TL ganzer Kümmel
60 g Speisestärke · 1 Eigelb
2 EL braune Butter
(siehe Tipp S. 46)
Pfeffer aus der Mühle
frisch geriebene Muskatnuss
2 Scheiben Toastbrot
ca. 120 g Butter · 1 getrocknete
rote Chilischote
1 Lorbeerblatt
2 Scheiben Ingwer
50 g Weißbrotbrösel

Für Ragout und Gemüse:
1 kg Hirschfleisch (aus der
Schulter) · 2 Zwiebeln
1/2 kleine Karotte
120 g Knollensellerie · 2 EL Öl
1 TL Puderzucker · 1 EL Tomaten-
mark · 150 ml Rotwein
200 ml Geflügelbrühe
1 Lorbeerblatt · 1 Zimtsplitter
je 1 EL Wacholderbeeren,
Koriander- und schwarze Pfeffer-
körner · 1/2 Vanilleschote
2 Scheiben Ingwer
1 Knoblauchzehe (in Scheiben)
1 Stück Zartbitterschokolade
1 EL Preiselbeeren (aus dem Glas)
1 Kopf Wirsing · 100 g Sahne

1 Am Vortag für die Knödel die Kartoffeln waschen und in Salzwasser mit dem Kümmel garen. Abgießen, noch heiß pellen, durch die Kartoffelpresse drücken und über Nacht auskühlen lassen.

2 Am nächsten Tag für das Ragout das Fleisch von groben Sehnen befreien und in 2 cm große Würfel schneiden. Die Zwiebeln schälen, Karotte und Sellerie putzen und schälen, alles in etwa 1 cm große Würfel schneiden.

3 Das Öl in einem großen Topf erhitzen, das Fleisch darin bei mittlerer Hitze rundum anbraten und herausnehmen. Das Gemüse im Bratfett andünsten, den Puderzucker darüberstäuben und karamellisieren. Das Tomatenmark dazugeben und kurz anrösten. Mit dem Wein ablöschen und einkochen lassen. Die Brühe angießen und das Fleisch knapp unter dem Siedepunkt etwa 2 1/2 Stunden ziehen lassen. Nach 2 Stunden Lorbeerblatt, Zimt, Wacholderbeeren, Koriander, Pfeffer, Vanille, Ingwer, Knoblauch, Schokolade und Preiselbeeren dazugeben.

4 Von der Kartoffelmasse 500 g abwiegen, mit 50 g Speisestärke, Eigelb, brauner Butter, Salz, Pfeffer und Muskatnuss zu einem Teig verarbeiten. Das Toastbrot in kleine Würfel schneiden und in einer Pfanne in 1 bis 2 EL Butter anrösten. Aus dem Knödelteig mit angefeuchteten Händen 8 Knödel formen und etwas flach drücken, mit den gerösteten Toastwürfeln füllen und zu glatten Knödeln formen.

5 Die restliche Speisestärke mit etwas kaltem Wasser anrühren und in das Knödel-Kochwasser geben. Chili, Lorbeerblatt und Ingwer hinzufügen und die Knödel 20 bis 25 Minuten gar ziehen lassen. In der Zwischenzeit die restliche Butter zerlassen und die Weißbrotbrösel darin goldbraun rösten.

6 Für das Gemüse den Wirsing putzen, waschen und klein schneiden. Die Wirsingstreifen in kochendem Salzwasser blanchieren, in ein Sieb abgießen, kalt abschrecken und abtropfen lassen. Die Sahne in einem Topf erhitzen, den Wirsing dazugeben, erwärmen und nach Belieben mit Muskatnuss, Salz und Chilisalz würzen.

7 Das Hirschragout auf vorgewärmte tiefe Teller verteilen und nach Belieben mit Preiselbeeren garnieren. Die Kartoffelklöße daneben anrichten, mit den Butterbröseln bestreuen und das Wirsinggemüse dazu servieren.

Rosa gebratener Rehrücken
mit Birne und Kartoffelgratin

Zutaten für 4 Personen

Für den Rehrücken:

*1 ¹/₂ kg Rehrücken (küchenfertig;
mit Knochen) · 1 TL Öl
1 EL Butter · Chilisalz
1 TL Wacholderbeeren
3–4 Zimtsplitter
je ¹/₂ TL schwarze Pfeffer- und
Korianderkörner*

Für Sauce und Gratin:

*2 Zwiebeln · 1 Karotte
150 g Knollensellerie · 1 EL Öl
1–2 TL Puderzucker
1 EL Tomatenmark · 4 cl Cognac
300 ml Rotwein
³/₄ l Wild- oder Geflügelfond
2–3 Lorbeerblätter
5 Wacholderbeeren
je ¹/₂ TL schwarze Pfeffer- und
Korianderkörner
1 Knoblauchzehe (in Scheiben)
4 Scheiben Ingwer
5 Pimentkörner · 1 Zimtrinde
1 Stück Vanilleschote
10 g Zartbitterschokolade
1 EL Johannisbeergelee · Salz
1 EL Butter · 400 g Sahne
1 halbierte Knoblauchzehe
1 Zweig Thymian
Pfeffer aus der Mühle
frisch geriebene Muskatnuss
1 kg mehlig kochende Kartoffeln*

1 Für die Sauce den Backofen auf 220 °C vorheizen. Die Rehrückenfilets mit einem scharfen Ausbeinmesser vom Knochen lösen, die Knochen klein hacken, waschen und auf einem Backblech im Ofen auf der mittleren Schiene 30 Minuten hell bräunen. Das ausgetretene Fett entfernen. Die Zwiebeln schälen, Karotte und Sellerie putzen und schälen, alles in 1 bis 2 cm große Würfel schneiden. Das Gemüse in einer Pfanne bei mittlerer Hitze im Öl andünsten.

2 Den Puderzucker in einem großen Topf bei mittlerer Hitze karamellisieren. Das Tomatenmark dazugeben und kurz anrösten. Mit Cognac und Wein ablöschen und sirupartig einköcheln lassen. Die Knochen und das Gemüse dazugeben, den Fond angießen und knapp unter dem Siedepunkt mindestens 1 Stunde ziehen lassen. Nach 45 Minuten Garzeit Lorbeerblätter, angedrückte Wacholderbeeren, Pfeffer, Knoblauch, 2 Scheiben Ingwer, Piment, Zimt und Vanilleschote hinzufügen und mitziehen lassen. Die Sauce durch ein Sieb streichen und mit Schokolade, Gelee und Salz abschmecken.

3 Für den Rehrücken den Backofen auf 100 °C vorheizen, ein Ofengitter auf die mittlere Schiene und darunter ein Abtropfblech schieben. Das Öl in einer Pfanne erhitzen und den Rehrücken darin bei mittlerer Hitze rundum anbraten. Im Ofen etwa 40 Minuten rosa durchziehen lassen. Die Butter in einer Pfanne zerlassen, 1 Prise Chilisalz und die restlichen Gewürze dazugeben und das Fleisch darin wenden.

4 Für das Kartoffelgratin eine ofenfeste Form mit Butter einfetten. Die Sahne in einem Topf aufkochen und vom Herd nehmen. Knoblauch, restlichen Ingwer und Thymian in die Sahne geben und 5 Minuten ziehen lassen. Den Backofen auf 180 °C vorheizen. Die ganzen Gewürze wieder entfernen und die Sahne mit Salz, Pfeffer und Muskatnuss würzen. Die Kartoffeln schälen, waschen und in 2 mm dicke Scheiben hobeln. Die Kartoffelscheiben mit der Sahne mischen und in die Form füllen. Das Gratin im Ofen auf der mittleren Schiene etwa 40 Minuten goldbraun backen.

5 Den Rehrücken in Scheiben schneiden. Das Kartoffelgratin auf vorgewärmte Teller verteilen, das Fleisch daraufsetzen und die Sauce angießen. Nach Belieben mit in Butter geschwenkten weißen Champignons, Birnenspalten, hellen Weintrauben, Walnüssen und Preiselbeeren aus dem Glas servieren.

Süßes
& Gebäck

Berliner Luft
mit gemischten Beeren

Zutaten für 4 Personen

250 g Erdbeeren
je 80 g Himbeeren
und Heidelbeeren
1 EL Puderzucker
2 cl Orangenlikör
1 1/2 Blatt Gelatine
3 Eier
2 EL Weißwein
70 g Zucker
4 EL Zitronensaft
Salz

1 Die Erdbeeren waschen und putzen. 80 g kleine Erdbeeren beiseitestellen, die restlichen Beeren in einen hohen Rührbecher geben, mit dem Stabmixer pürieren und durch ein Sieb streichen. Die Himbeeren und Heidelbeeren verlesen, waschen und vorsichtig trocken tupfen.

2 Die beiseitegestellten Erdbeeren mit den Himbeeren und den Heidelbeeren mischen und etwa 2 EL Beeren für die Garnitur beiseitestellen. Die restlichen Beeren mit der Erdbeersauce mischen und mit dem Puderzucker und dem Likör abschmecken.

3 Die Gelatine in kaltem Wasser einweichen. Die Eier trennen. Den Wein mit 45 g Zucker, dem Zitronensaft und den Eigelben in einen Topf geben und unter ständigem Rühren aufkochen. Die Gelatine gut ausdrücken und unter Rühren in der heißen Weinmischung auflösen.

4 Die Eiweiße mit dem restlichen Zucker und 1 Prise Salz zu einem cremigen Schnee schlagen. Ein wenig Eischnee abnehmen und unter die Zitronenmasse rühren. Dann die Zitronenmasse zum Eischnee geben und vorsichtig unterheben.

5 Die marinierten Beeren auf Dessertgläser verteilen und mit der Creme bedecken, mit den beiseitegestellten Beeren und nach Belieben Minzeblättern garnieren.

Schuhbecks Küchentipp

»Berliner Luft« ist ein köstliches Sommerdessert, das man aber auch im Winter mit marinierten Orangen- oder Mandarinenfilets anrichten kann. Die Creme schmeckt noch besser, wenn man sie vor dem Servieren gut 1 Stunde kühl stellt. Dann wird sie fester, und ihre luftige Konsistenz kommt besonders gut zur Geltung.

Welfenspeise
mit Pistazien

Zutaten für 4 Personen

Für die Vanillecreme:

2 EL Speisestärke

150 ml Milch

1/2 Vanilleschote

100 g Sahne

3 1/2 EL Zucker

2 Eiweiß · Salz

Für die Weinschaumcreme:

1/8 l trockener Weißwein

1 geh. TL Speisestärke

1 EL Zitronensaft

2 Eigelb

2 EL Zucker

2 EL gehackte Pistazien

einige Minzeblätter

1 Für die Vanillecreme die Speisestärke mit etwas Milch glatt rühren. Die Vanilleschote längs aufschneiden und das Mark herauskratzen. Die restliche Milch und die Sahne in einem Topf mit 1 bis 2 TL Zucker, dem Vanillemark und der Vanilleschote bei mittlerer Hitze aufkochen. Die angerührte Speisestärke nach und nach unter die köchelnde Vanillemilch rühren. Die Mischung aufkochen lassen und den Topf vom Herd nehmen.

2 Die Eiweiße mit dem restlichen Zucker und 1 Prise Salz zu einem cremigen Schnee schlagen. Den Eischnee unter die heiße Vanillecreme ziehen und die Creme auf Dessertgläser verteilen.

3 Für die Weinschaumcreme den Wein mit der Speisestärke verrühren und mit dem Zitronensaft, den Eigelben und dem Zucker in eine Metallschüssel geben. Die Weinmischung im heißen Wasserbad mit dem Schneebesen oder den Quirlen des Handrührgeräts bis zum Siedepunkt aufschlagen. Dann die Weinschaumcreme auf die Vanillecreme verteilen und die Welfenspeise im Kühlschrank etwa 1 Stunde fest werden lassen. Mit gehackten Pistazien und Minzeblättern oder nach Belieben mit Früchten garniert servieren.

Schuhbecks Küchentipp

Eine fruchtige Note bekommt die Vanillecreme, wenn man 1/2 TL abgeriebene unbehandelte Orangenschale unterrührt. Bei der Zubereitung der Weincreme können Sie auf die Speisestärke verzichten, wenn die Creme frisch aufgeschlagen auf die Vanillecreme kommt und das Dessert sofort serviert wird. Ohne Stärke verliert die Creme ihre Konsistenz nach kurzer Zeit wieder.

Pfälzer Winterapfel
mit Vanillesabayon

Zutaten für 4 Personen
Für die Äpfel:
4 kleine Äpfel
1 EL Butter
1/2 TL Puderzucker
5 grüne Kardamomkapseln
1 Stück ausgekratzte
Vanilleschote
1 Zimtrinde
1 Zacken Sternanis
1 EL Mandellikör
einige Spritzer Zitronensaft

Für das Sabayon:
3 Eigelb
1/8 l Weißwein
1 TL Zitronensaft
je 1 Msp. abgeriebene unbe-
handelte Zitronen- und
Orangenschale
60 g Zucker
1 Msp. Vanillemark
2 TL Mandellikör
1 Stück Zimtrinde

Für den Nusskrokant:
1 EL ungesalzene Erdnüsse
1 EL Pistazien
2–3 EL Puderzucker
3 EL Mandelblättchen
4 Stiele Minze

1 Die Äpfel waschen, vierteln und die Kerngehäuse entfernen, die Apfelviertel in Spalten schneiden. Die Butter in einer Pfanne erhitzen und die Apfelspalten darin bei mittlerer Hitze auf beiden Seiten andünsten. Den Puderzucker darüberstäuben und leicht karamellisieren. Den Kardamom, die Vanilleschote, den Zimt und den Sternanis dazugeben, mit dem Likör ablöschen und mit Zitronensaft abschmecken.

2 Für das Sabayon die Eigelbe mit dem Wein, dem Zitronensaft, der Zitronen- und Orangenschale, dem Zucker, dem Vanillemark und dem Likör in eine Metallschüssel geben. Etwas Zimt darüberreiben und die Mischung im heißen Wasserbad mit dem Schneebesen fein schaumig aufschlagen, dabei die Masse auf höchstens 75 °C erhitzen.

3 Für den Nusskrokant die Erdnüsse und Pistazien grob hacken. Den Puderzucker in einer Pfanne bei mittlerer Hitze hell karamellisieren. Die Mandeln, die Erdnüsse und die Pistazien dazugeben und unter ständigem Rühren etwa 10 Minuten karamellisieren. Den Krokant, sobald er fertig ist, auf einen kalten Teller geben.

4 Die Minze waschen, trocken schütteln und die Blätter abzupfen. Den Nusskrokant in Stücke brechen. Das Sabayon auf tiefe Teller verteilen und mit den gedünsteten Apfelspalten und den Krokantstücken anrichten. Mit der Minze garniert servieren.

— Schuhbecks Küchentipp —

Statt mit Nusskrokant kann man den Winterapfel auch mit Mandelkrokant anrichten: Dafür 3 EL Mandelblättchen in einer beschichteten Pfanne ohne Fett anrösten und herausnehmen. Dann 4 EL Zucker in die Pfanne geben und bei milder Hitze hell karamellisieren. Sofort die Mandeln unterrühren und den Krokant, wie oben beschrieben, fertigstellen.

Frankfurter Pudding
mit Bischofsauce

Zutaten für 4 Personen
Für den Pudding:
80 g Toastbrot
6 EL Rotwein
3 EL Mandelblättchen
2 Eier · 70 g weiche Butter
Zimtpulver
1 Msp. Nelkenpulver
1 TL frisch gemahlenes
Kaffeepulver
20 g Orangeat
1 EL Orangenlikör
40 g Zartbitterschokolade
(fein gehackt)
1 Msp. Vanillemark
Salz · 60 g Zucker
Butter und Zucker für
die Förmchen

Für die Sauce:
450 ml Rotwein
50 g Zucker
2 EL Johannisbeergelee
1–2 TL Speisestärke
3 Scheiben Ingwer
5–6 grüne Kardamomkapseln
1 Zacken Sternanis
1/2 Zimtrinde
1 Gewürznelke · Chiliflocken
1 Msp. Vanillemark
Puderzucker zum Bestäuben

1 Für den Pudding den Backofen auf 190 °C vorheizen. Das Toastbrot in Würfel schneiden und mit dem Wein beträufeln. Die Mandelblättchen in einer beschichteten Pfanne ohne Fett anrösten.

2 Die Eier trennen. Die Butter mit den Eigelben schaumig schlagen, 1 Prise Zimt sowie das Nelken- und Kaffeepulver unterrühren. Das Orangeat mit dem Likör beträufeln und hacken. Die Brotwürfel, die gerösteten Mandeln, das Orangeat, die Schokolade und das Vanillemark zur Eigelbmasse geben und alle Zutaten gut verrühren.

3 Die Eiweiße mit 1 Prise Salz zu einem cremigen Schnee schlagen, dabei nach und nach den Zucker einrieseln lassen. Den Eischnee unter die Eigelb-Butter-Mischung rühren.

4 Vier Souffléförmchen (à 110 ml Inhalt) mit Butter einfetten und mit Zucker ausstreuen. Die Puddingmasse in die Formen füllen und diese nebeneinander in eine mit Küchenpapier ausgelegte ofenfeste Form setzen. So viel heißes Wasser angießen, dass die Förmchen 1 bis 2 cm hoch im Wasser stehen. Den Pudding im Ofen auf der untersten Schiene etwa 25 Minuten garen.

5 Für die Sauce den Wein mit dem Zucker und dem Johannisbeergelee in einem Topf zum Kochen bringen. Die Speisestärke mit wenig kaltem Wasser glatt rühren, unter die Sauce mischen und etwa 5 Minuten köcheln lassen. Ingwer, Kardamom, Sternanis, Zimt, Nelke, 1 Prise Chiliflocken und das Vanillemark hinzufügen und einige Minuten in der Sauce ziehen lassen. Die Sauce durch ein Sieb gießen.

6 Die Bischofsauce auf tiefe Teller verteilen. Den Pudding aus den Förmchen stürzen und mittig auf die Sauce setzen. Mit Puderzucker bestäuben und nach Belieben mit Minze garniert servieren.

Schuhbecks Küchentipp

Die Förmchen sollten mit weicher Butter gleichmäßig und dick bis zum oberen Rand eingefettet werden, damit sich der Pudding später gut stürzen lässt.

Errötendes Mädchen
mit Knusperstangen

Zutaten für 4 Personen

Für die Knusperstangen:

1 Platte Tiefkühl-Blätterteig (80 g)

1–2 EL Zucker

1 Msp. Arabisches Kaffeegewürz

Für die Buttermilchmousse:

3 Blatt Gelatine

200 g Buttermilch

50 g Puderzucker · Salz

2 EL Limettensaft

1/2 TL abgeriebene unbehandelte Limettenschale

200 g Sahne

25 g Zucker

200 g Himbeermark (siehe Tipp S. 131)

Zum Anrichten:

60 g gemischte Beeren (z. B. Himbeeren, Heidelbeeren)

einige Minzeblätter

1 Für die Knusperstangen den Blätterteig auf der Arbeitsfläche auftauen lassen. Den Backofen auf 210°C vorheizen. Den Zucker mit dem Kaffeegewürz mischen.

2 Den Blätterteig mit dem Gewürzzucker bestreuen und ausrollen. Den Teig in 1/2 cm breite Streifen schneiden und diese spiralförmig aufdrehen. Die Teigspiralen auf ein mit Backpapier ausgelegtes Backblech legen und an beiden Enden 5 bis 10 Sekunden fixieren, damit sie sich nicht wieder zurückrollen. Die Stangen im Ofen auf der mittleren Schiene 4 bis 5 Minuten goldbraun backen.

3 Für die Buttermilchmousse die Gelatine in kaltem Wasser einweichen. Die Buttermilch mit dem Puderzucker und 1 Prise Salz in einer Schüssel verrühren. Die Gelatine ausdrücken und mit dem Limettensaft in einem Topf erwärmen, bis sich die Gelatine aufgelöst hat. Die Buttermilch unterrühren und die Mischung abkühlen lassen, bis sie zu gelieren beginnt.

4 Die Sahne mit dem Zucker halb steif schlagen und vorsichtig unter die Buttermilch heben. 130 g Himbeermark unter die Buttermilchmasse rühren. Ein Drittel dieser Masse abnehmen und mit dem restlichen Himbeermark verrühren.

5 Die dunklere Mousse auf Dessertgläser verteilen und die hellere Mousse daraufgeben, sodass zwei Schichten entstehen. Mit den Beeren und der Minze garnieren und im Kühlschrank etwa 1 Stunde fest werden lassen. Die Buttermilchmousse mit den Knusperstangen servieren.

Schuhbecks Küchentipp

Das Arabische Kaffeegewürz kann man auch selbst herstellen: Dafür je 1 TL Zimtpulver und gemahlenen Kardamom mit je 1 Msp. Nelkenpulver, gemahlenem Piment, Vanillemark und frisch geriebener Muskatnuss mischen. Mit dieser Gewürzmischung lassen sich auch Sahne und Eischnee aromatisieren, und natürlich gibt sie Kaffee und Espresso einen besonderen Touch.

Verschleiertes Bauernmädchen
mit Pumpernickelbröseln

Zutaten für 4 Personen
Für die Apfelwürfel:

4 säuerliche Äpfel
(z. B. Boskop, Elstar)
4 Zacken Sternanis
je 1 TL Zimtsplitter, Gewürz-
nelken und grüne
Kardamomkapseln
3 EL brauner Zucker
1 EL Zitronensaft
4 EL Orangensaft
50–100 ml Apfelsaft
1 cl Calvados
1 Scheibe Ingwer
2 Streifen unbehandelte
Orangenschale
Mark von 1/2 Vanilleschote

Für die Pumpernickelbrösel:

80 g Pumpernickel
1/4 TL Zimtpulver
20 g Zucker
1 Msp. abgeriebene
unbehandelte Orangenschale

Zum Anrichten:

200 g Sahne
4 EL Erdbeermark
4 EL gemischte Beeren
(z. B. Himbeeren, Heidelbeeren)
einige Minzeblätter

1 Für die Apfelwürfel die Äpfel schälen, vierteln und die Kerngehäuse entfernen, die Apfelviertel in 1/2 cm große Würfel schneiden. Sternanis, Zimt, Nelken und Kardamom in die Gewürzmühle füllen.

2 Den braunen Zucker in einem Topf bei mittlerer Hitze leicht karamellisieren. Die Apfelwürfel mit Zitronen-, Orangen- und Apfelsaft, dem Calvados, dem Ingwer, der Orangenschale und dem Vanillemark hinzufügen und mit der Mischung aus der Mühle würzen. Die Apfelwürfel 10 bis 12 Minuten dünsten, bis sie weich sind und die Flüssigkeit verdampft ist. Den Topf vom Herd nehmen, den Ingwer und die Orangenschale entfernen und das Apfelragout auskühlen lassen.

3 Für die Pumpernickelbrösel den Pumpernickel im Blitzhacker zu feinen Bröseln mahlen. Mit dem Zimtpulver, dem Zucker und der Orangenschale mischen.

4 Die Sahne steif schlagen. Die Hälfte der Apfelwürfel auf Dessertgläser verteilen, je 1 Klecks Sahne daraufgeben und mit den Pumpernickelbröseln bestreuen. Den Vorgang nochmals wiederholen und mit Sahne und Bröseln abschließen. Je 1 EL Erdbeermark daraufgeben und mit Beeren und Minze garnieren.

Schuhbecks Küchentipp

Je nach Apfelsorte kann die Garzeit etwas variieren. Optimal sind die Apfelwürfel, wenn sie weich sind, aber noch nicht zerfallen. Sehr fein schmeckt auch eine Mischung aus Apfel- und Birnenwürfeln. Erdbeer- und Himbeermark kann man ganz leicht selbst zubereiten: Dazu die Beeren zerkleinern, in einen Rührbecher geben, mit etwas Zucker bestreuen und einige Spritzer Zitronensaft darüberträufeln. Mit dem Stabmixer pürieren und durch ein feines Sieb streichen.

Printenparfait
auf Orangenscheiben

Zutaten für 4 Personen

2 Eigelb · 1 Ei

50 g Zucker

1 1/4 TL abgeriebene unbehandelte
Orangenschale

Zimtpulver

Mark von 1/4 Vanilleschote

200 g Sahne

1 EL Orangenlikör

30 g Zartbitterschokolade

1 TL Rum

40 g Aachener Printen
(zerkleinert)

3 Orangen

1/4 Granatapfel

1–2 EL gehackte Pistazien

Schokoladenspäne

1 Für das Parfait die Eigelbe und das Ei mit 1 EL Zucker, 1/4 TL Orangenschale, 1 Prise Zimtpulver und dem Vanillemark in einer Metallschüssel im heißen Wasserbad hellschaumig aufschlagen.

2 Den restlichen Zucker mit 4 EL Wasser in einen Topf geben und siruapartig einköcheln lassen, bis sich der Zucker vollständig aufgelöst hat. Den Sirup unter die Eigelbmasse rühren und im heißen Wasserbad zu einer dickschaumigen Creme aufschlagen, dabei die Creme auf höchstens 80 °C erhitzen. Die Creme im eiskalten Wasserbad kalt schlagen. Die Sahne steif schlagen und mit dem Teigschaber nach und nach vorsichtig unterheben. Die Parfaitmasse mit etwas Likör abschmecken.

3 Die Zartbitterschokolade im heißen Wasserbad unter Rühren schmelzen. Die Hälfte der Parfaitmasse abnehmen und unter die Schokolade rühren, die Schokoladenmasse mit dem Rum verfeinern. Die Schüssel aus dem Wasserbad nehmen.

4 Die Printen mit dem restlichen Likör beträufeln und mit der übrigen Orangenschale unter die andere Hälfte der Parfaitmasse mischen. Die Masse in einen Spritzbeutel mit großer Lochtülle füllen.

5 Die Schokoladenmasse auf 4 Portions-Halbkugelformen (à 150 ml Inhalt) verteilen (am besten stellt man die Förmchen auf leere Eierkartons). Den Spritzbeutel mit der hellen Masse jeweils in die Mitte der Schokoladenmasse halten und ein Viertel der hellen Masse mit etwas Druck in die dunkle Masse spritzen, sodass außen ein dunkler Mantel und innen ein heller Kern entstehen. Das Parfait mehrere Stunden, am besten über Nacht, im Tiefkühlfach gefrieren lassen.

6 Zum Servieren die Orangen mit einem scharfen Messer so großzügig schälen, dass auch die weiße Haut mit entfernt wird. Die Orangen in dünne Scheiben schneiden und auf flachen Tellern auslegen. Die Granatapfelkerne aus den Trennwänden lösen und mit den gehackten Pistazien auf den Orangenscheiben verteilen. Das Printenparfait aus den Formen lösen, mit einem scharfen, in warmes Wasser getauchten Messer halbieren. Je 2 Parfaithälften auf die Orangen setzen und mit Schokoladenspänen garnieren.

Gebackene Grießnockerl
auf Rhabarber-Erdbeer-Ragout

Zutaten für 4 Personen

Für die Nockerl:

1/4 l Milch

2 EL Zucker

Salz

Mark von 1/2 Vanilleschote

75 g Hartweizengrieß

je 1 TL abgeriebene unbehandelte

Zitronen- und Orangenschale

1/2 TL Zimtpulver

2 Eier

Öl zum Frittieren

50 g Mehl

50 g Weißbrotbrösel

Für das Ragout:

600 g Rhabarber

je 250 g Erdbeeren und

Himbeeren

180 g Zucker

2 Scheiben Ingwer

je 2 Streifen unbehandelte

Zitronen- und Orangenschale

2 Splitter Zimtrinde

1/2 aufgeschlitzte Vanilleschote

1 Zacken Sternanis

Chiliflocken

Puderzucker zum Bestäuben

1 Für die Nockerl die Milch mit dem Zucker, 1 Prise Salz und dem Vanillemark in einem Topf aufkochen lassen. Den Grieß mit dem Schneebesen unterrühren und etwa 2 Minuten unter Rühren köcheln lassen, bis ein dicklicher Brei entstanden ist. Den Topf vom Herd nehmen und den Grießbrei in eine Schüssel füllen. Die Zitronen- und Orangenschale sowie das Zimtpulver dazugeben und zuletzt 1 Ei untermischen. Den Grießbrei auskühlen lassen, dabei die Oberfläche mit Frischhaltefolie bedecken.

2 Zum Frittieren in einen Topf 4 bis 5 cm hoch Öl gießen und auf etwa 170 °C erhitzen. Aus der Grießmasse mit zwei angefeuchteten Esslöffeln Portionen abstechen und zu Nockerln formen. Das restliche Ei in einem tiefen Teller verquirlen, das Mehl und die Weißbrotbrösel jeweils in tiefe Teller geben. Die Grießnockerl zuerst im Mehl, dann im Ei und anschließend in den Bröseln wenden. Im heißen Öl rundum 3 bis 4 Minuten goldbraun frittieren und auf Küchenpapier abtropfen lassen.

3 Für das Ragout den Rhabarber waschen und putzen. Die Rhabarberstangen in etwa 1 cm lange Stücke schneiden und auf ein tiefes Backblech geben. Die Erdbeeren waschen, putzen und je nach Größe halbieren oder vierteln. Die Himbeeren verlesen, waschen und vorsichtig trocken tupfen.

4 Den Backofen auf 180 °C vorheizen. Den Zucker in einem Topf mit 75 ml Wasser, Ingwer, Zitronen- und Orangenschalen, Zimt, Vanilleschote, Sternanis und 1 Prise Chiliflocken 2 bis 3 Minuten sirupartig einköcheln lassen. Den Gewürzsud auf dem Rhabarber verteilen, 100 g Himbeeren hinzufügen und die Mischung mit Alufolie bedecken. Rhabarber und Himbeeren im Ofen auf der mittleren Schiene etwa 15 Minuten garen, bis der Rhabarber weich ist.

5 Das Fruchtragout herausnehmen, etwas abkühlen lassen und die ganzen Gewürze entfernen. Rhabarber und Himbeeren in eine Schüssel geben und die Erdbeeren hinzufügen.

6 Das Ragout auf vorgewärmte tiefe Teller verteilen, die restlichen Himbeeren hinzufügen und die gebackenen Grießnockerl daraufsetzen. Mit etwas Puderzucker bestäuben und nach Belieben mit Zitronenmelisse garniert servieren.

Dukatenbuchteln
mit marinierten Beeren

Zutaten für 4–6 Personen

Für die Dukatenbuchteln:

180 ml Milch

30 g Hefe

450 g Mehl

75 g Zucker · 3 Eigelb

1 TL Mandellikör

1 EL Rum · Salz

Mark von 1 Vanilleschote

1 TL abgeriebene unbehandelte Zitronenschale

75 g weiche Butter

100 g zerlassene Butter

Puderzucker zum Bestäuben

Für die marinierten Beeren:

200 g Himbeeren

2 EL Puderzucker

150 g gemischte Beeren (z. B. Heidelbeeren, Himbeeren, Erdbeeren)

Zitronenmelisse zum Garnieren

1 Für die Dukatenbuchteln die Milch lauwarm erwärmen. Die Hefe mit den Fingern zerbröckeln und in der Milch auflösen. Die Hefemilch mit Mehl, Zucker, Eigelben, Likör, Rum, 1 Prise Salz, Vanillemark und Zitronenschale verkneten. Die weiche Butter hinzufügen und einige Minuten weiterkneten, bis ein geschmeidiger Teig entstanden ist, der sich vom Schüsselrand löst. Den Hefeteig in einer Schüssel mit Frischhaltefolie bedeckt an einem warmen Ort etwa 30 Minuten gehen lassen.

2 Den Teig nochmals kurz durchkneten und mit etwas Mehl zu einer dicken Rolle formen. Die Rolle in gleichmäßige Scheiben schneiden und diese zu Kugeln formen. Die Teigkugeln in der zerlassenen Butter wenden und nebeneinander in einen Bräter oder eine Auflaufform (etwa 20 x 30 cm) setzen. Die Teigkugeln darin nochmals zugedeckt an einem warmen Ort 15 Minuten gehen lassen.

3 Den Backofen auf 180°C vorheizen. Die Dukatenbuchteln im Ofen auf der untersten Schiene 25 Minuten goldbraun backen.

4 Für die marinierten Beeren die Himbeeren verlesen, waschen und in einen hohen Rührbecher geben. Mit dem Stabmixer pürieren und durch ein Sieb streichen, den Puderzucker und nach Belieben 1 EL Himbeergeist unterrühren. Die gemischten Beeren verlesen, waschen und mit dem Püree mischen.

5 Die Dukatenbuchteln aus dem Ofen nehmen, in der Form etwas abkühlen lassen, auf Teller verteilen und mit Puderzucker bestäuben. Die marinierten Beeren daneben anrichten und mit Zitronenmelisse garniert servieren.

Schuhbecks Küchentipp

Die Dukatenbuchteln schmecken frisch gebacken, noch lauwarm am besten. Statt der marinierten Beeren können Sie auch je nach Vorliebe und Saison Kompott dazu servieren: ob Apfel- oder Birnenkompott, Zwetschgenröster, Aprikosen-, Kirsch- oder Rhabarberkompott. Auch Vanille- oder Joghurteis passt ausgezeichnet dazu.

Mutzenmandeln
mit Rosenwasser

Zutaten für ca. 40 Stück

2 Eier

20 g Marzipanrohmasse

100 g Zucker

200 g Mehl

2 1/2 EL Speisestärke

1/2 TL Backpulver

1 EL gehackte Mandelblättchen

1 TL Rum

1 TL Rosenwasser

(aus der Apotheke)

2 EL zerlassene Butter

1 EL Sahne · Salz

*1 Msp. abgeriebene unbe-
handelte Zitronenschale*

Mehl zum Ausrollen

Öl zum Frittieren

1 Für den Mürbeteig 1 Ei trennen. Die Marzipanrohmasse auf der Küchenreibe grob raspeln. Das Eigelb mit der Marzipanrohmasse in einer Schüssel verkneten. Das Eiweiß, das restliche Ei und die Hälfte des Zuckers hinzufügen und alles mit den Quirlen des Handrührgeräts einige Minuten schaumig rühren.

2 Das Mehl, die Speisestärke und das Backpulver mischen. Mit den Mandeln, dem Rum, dem Rosenwasser, der zerlassenen Butter sowie der Sahne, 1 Prise Salz und der Zitronenschale hinzufügen und so lange kneten, bis der Teig glatt ist. Den Mürbeteig zu einem Ziegel formen, in Frischhaltefolie wickeln und im Kühlschrank etwa 3 Stunden ruhen lassen.

3 Den Teig auf der bemehlten Arbeitsfläche etwa 1 cm dick ausrollen und mit dem Ausstecher (siehe Tipp) etwa 40 Plätzchen ausstechen. Zum Frittieren in einem Topf reichlich Öl auf 160 bis 170°C erhitzen und die Teigplätzchen darin etwa 5 Minuten goldbraun ausbacken, dabei einmal wenden. Herausnehmen und auf Küchenpapier abtropfen lassen. Die Mutzenmandeln im restlichen Zucker wenden.

Schuhbecks Küchentipp

Mutzenmandeln werden im Rheinland traditionell zur Karnevalszeit und an Silvester gegessen. Für die Zubereitung dieses Traditionsgebäcks gibt es spezielle Ausstecher, die den Plätzchen ihre typische mandelähnliche Form geben. Achten Sie beim Frittieren darauf, dass das Fett nicht zu heiß ist: Damit der Teig gut durchbacken kann, ohne dass die Mutzenmandeln zu dunkel werden, sind 160 bis 170°C ideal.

Rote-Grütze-Tarte
mit Kaffee-Gewürz-Sahne

Zutaten für 1 Springform
Für die Kaffeesahne:
300 g Sahne
30 g Kaffeebohnen
1 EL Puderzucker
je 1 TL Kardamomsamen
und Zimtsplitter
2 Gewürznelken (grob gehackt)

Für den Mürbeteig:
2 Eigelb
80 g Zucker
110 g Mehl
1 Päckchen Backpulver · Salz
80 g weiche Butter
Butter für die Form
Mehl für die Arbeitsfläche

Für die Rote Grütze:
300 ml Rotwein
200 ml roter Portwein
125 g Zucker
1 EL Zitronensaft
3 EL Orangensaft
2–3 EL Cassislikör
1 Zimtrinde
1 Vanilleschote
3 Päckchen Tortenguss
600 g gemischte Beeren
(z. B. Kirschen, Johannisbeeren)
2 cl Orangenlikör

1 Für die Kaffeesahne die Sahne in einem Topf erwärmen. Die Kaffeebohnen dazugeben, die Sahne abkühlen lassen und im Kühlschrank mindestens 6 Stunden ziehen lassen.

2 Für den Mürbeteig die Eigelbe mit dem Zucker in einer Schüssel mit den Quirlen des Handrührgeräts verrühren. Das Mehl mit dem Backpulver mischen und mit der Butter und 1 Prise Salz zur Eigelbmischung geben. Alles mit den Händen oder den Knethaken des Handrührgeräts so lange kneten, bis ein glatter Teig entstanden ist. Den Mürbeteig zu einem Ziegel formen, in Frischhaltefolie wickeln und 30 Minuten kühl stellen.

3 Den Backofen auf 160 °C vorheizen. Eine Springform (26 cm Durchmesser) mit der Butter einfetten. Den Mürbeteig auf der bemehlten Arbeitsfläche in der Größe der Form ausrollen und die Form damit auslegen. Den Teigboden im Ofen auf der untersten Schiene etwa 20 Minuten backen und auskühlen lassen.

4 Für die Rote Grütze in einem Topf 200 ml Rotwein mit Portwein, Zucker, Zitronen- und Orangensaft, Cassislikör, Zimt und Vanilleschote aufkochen und kurz ziehen lassen. Ganze Gewürze wieder entfernen.

5 Den Tortenguss nach Packungsanweisung mit dem restlichen Rotwein zubereiten und den Gewürzsud unterrühren. Die Beeren verlesen, waschen und kurz abtropfen lassen. Mit dem Likör unterrühren, bis die Beeren gut mit dem Tortenguss überzogen sind. Die Rote Grütze sofort auf dem ausgekühlten Mürbeteigboden verteilen und glatt streichen. Die Tarte kühl stellen.

6 Die Kaffeesahne durch ein Sieb gießen und mit dem Puderzucker verrühren. Kardamom, Zimt und Nelken in die Gewürzmühle füllen und die Sahne mit 1/4 TL Mischung aus der Mühle würzen. Die Sahne mit dem Handrührgerät steif schlagen, in einen Spritzbeutel füllen und die Tarte damit garnieren.

Dresdner Eierschecke
mit Rumrosinen

Zutaten für 1 Backblech

Für den Hefeteig:

¹/₂ Würfel Hefe (21 g)

¹/₈ l lauwarme Milch

300 g Mehl · 50 g Zucker

2 Eigelb · 1 EL Mandellikör

Salz · 1 Msp. Vanillemark

*1 Msp. abgeriebene unbehandelte
Zitronenschale*

50 g weiche Butter

*zerlassene Butter und
Mehl für das Blech*

Mehl für die Arbeitsfläche

Für die Quarkmasse:

100 g Butter · 200 g Zucker

2 Eier · 1 kg Quark

1 Päckchen Vanillepuddingpulver

¹/₂ l Milch · Salz

*100 g Rumrosinen
(siehe Tipp S. 141)*

Für die Eiercreme:

¹/₂ l Milch

1 Päckchen Vanillepuddingpulver

150 g Zucker · 200 g Butter

6 Eier · Salz

1 Für den Hefeteig die zerbröckelte Hefe in der Milch auflösen. Die Hefemilch mit Mehl, Zucker, Eigelben, Likör, 1 Prise Salz, Vanillemark und Zitronenschale verkneten. Die weiche Butter hinzufügen und einige Minuten weiterkneten, bis ein geschmeidiger Teig entstanden ist. Zugedeckt an einem warmen Ort etwa 30 Minuten gehen lassen.

2 Ein Backblech mit zerlassener Butter bestreichen und mit Mehl bestäuben. Den Teig auf der bemehlten Arbeitsfläche dünn ausrollen und das Blech damit auslegen. Den Teig mit einer Gabel mehrmals einstechen und nochmals kurz gehen lassen.

3 Für die Quarkmasse die Butter mit der Hälfte des Zuckers schaumig rühren. Die Eier und den Quark nach und nach unterrühren. Das Vanillepuddingpulver mit etwas Milch glatt rühren, die restliche Milch mit dem übrigen Zucker und 1 Prise Salz zum Kochen bringen. Das angerührte Puddingpulver unter ständigem Rühren in die heiße Milch geben und aufkochen lassen. Den Pudding nach und nach unter die Quarkmasse rühren. Die Masse auf dem Hefeteig verstreichen und mit den Rumrosinen bestreuen. Den Backofen auf 175 °C vorheizen.

4 Für die Eiercreme nochmals, wie oben beschrieben, einen Pudding mit der Hälfte des Zuckers zubereiten. Die Butter schaumig schlagen, die Eier trennen und die Eigelbe nach und nach unter die Butter rühren. Die Eiweiße mit dem restlichen Zucker und 1 Prise Salz steif schlagen, mit dem Pudding verrühren und unter die Schaummasse heben. Die Eiercreme gleichmäßig auf der Quarkschicht verteilen. Die Eierschecke im Ofen auf der untersten Schiene etwa 1 Stunde backen und vor dem Servieren einige Stunden ruhen lassen.

Schuhbecks Küchentipp

Den Kuchen kann man statt mit Hefeteig auch mit Mürbeteig zubereiten: Dafür 260 g weiche Butter mit 110 g Puderzucker, 1 Prise Salz, 1 Msp. Vanillemark und 1 TL abgeriebener Zitronenschale verkneten. Nacheinander 3 Eigelb und 360 g Mehl unterkneten. In Folie gewickelt 2 Stunden kühl stellen. Ein gefettetes, bemehltes Backblech mit dem Teig auslegen, mehrmals einstechen und im Ofen bei 175°C 10 Minuten vorbacken. Wie oben beschrieben fertigstellen.

Quarkkeulchen
mit Bratapfelmus

Zutaten für 4 Personen

Für die Quarkkeulchen:

500 g mehlig kochende
Kartoffeln · Salz
375 g Quark
150 g Mehl
165 g Zucker
1–2 Eier
je 1/2 TL abgeriebene
unbehandelte Zitronen-
und Orangenschale
50 g Rumrosinen
(siehe Tipp unten)
Mehl für die Arbeitsfläche
und zum Wenden
4 EL Öl
1/2–1 TL Zimtpulver

Für das Bratapfelmus:

2 große Äpfel (à 250 g;
z. B. Boskop, Braeburn)
100 ml Apfelsaft
1 TL Mandelblättchen
20 g Marzipanrohmasse
Zimtpulver
1 Msp. abgeriebene
unbehandelte Orangenschale
1 TL Zitronensaft
Rum
1 EL zerlassene Butter
1 TL Zucker

1 Die Kartoffeln waschen und in einem Topf in Salzwasser weich garen. Abgießen, kurz ausdampfen lassen, pellen und durch die Kartoffelpresse in eine Schüssel drücken. Den Kartoffelschnee auskühlen lassen. Mit dem Quark, dem Mehl, 65 g Zucker, den Eiern und 1 Prise Salz sowie der Zitronen- und Orangenschale zu einem glatten Teig verarbeiten. Zuletzt die Rumrosinen unterkneten.

2 Aus dem Kartoffelteig mit den Händen auf der bemehlten Arbeitsfläche eine 6 cm dicke Rolle formen und etwa 1 1/2 cm dicke Scheiben abschneiden. Die Teigscheiben in Mehl wenden.

3 Das Öl in einer beschichteten Pfanne erhitzen und die Quarkkeulchen darin auf beiden Seiten langsam goldbraun braten. Den restlichen Zucker mit dem Zimtpulver mischen. Die Quarkkeulchen auf Küchenpapier abtropfen lassen und im Zimtzucker wenden.

4 Für das Bratapfelmus den Backofen auf 180°C vorheizen. Die Äpfel waschen und die Kerngehäuse mit einem Apfelausstecher entfernen. Die Äpfel in eine ofenfeste Form setzen und den Apfelsaft dazugießen.

5 Die Mandeln in einer beschichteten Pfanne ohne Fett bei milder Hitze anrösten. Mit dem Marzipan, 1 Prise Zimtpulver, der Orangenschale, dem Zitronensaft und 1 Spritzer Rum mischen. Die Äpfel damit füllen und die Schale mit der zerlassenen Butter bestreichen. Im Ofen auf der mittleren Schiene etwa 40 Minuten weich garen.

6 Die Bratäpfel mit 1 bis 2 EL Schmorflüssigkeit und dem Zucker in einen hohen Rührbecher geben und mit dem Stabmixer pürieren. Die Quarkkeulchen mit dem Bratapfelmus servieren.

Schuhbecks Küchentipp

Für Rumrosinen 100 ml Wasser in einem Topf zum Kochen bringen und vom Herd nehmen. 1/2 TL schwarze Teeblätter dazugeben und zugedeckt etwa 5 Minuten ziehen lassen. Den Tee noch heiß durch ein Sieb in eine Schüssel gießen und 3 EL Rum hinzufügen. 50 g Rosinen dazugeben und mindestens 2 Stunden in der Tee-Rum-Mischung ziehen lassen. Die Rumrosinen abtropfen lassen.

Bienenstich
mit Vanillecreme

Zutaten für 1 Backblech

Für den Hefeteig:

160 ml Milch

1/2 Würfel Hefe (21 g)

370 g Mehl

45 g Zucker

1 TL Vanillezucker

1/2–1 TL Salz

1 Ei · 1 Eigelb

abgeriebene Schale von

1/2 unbehandelten Zitrone

50 g Butter

zerlassene Butter für das Blech

Mehl für die Arbeitsfläche

Für die Mandelmasse:

je 125 g Butter und Zucker

40 g Honig

75 g Glukosesirup (vom Konditor)

75 g Sahne

250 g Mandelblättchen

Für die Vanillecreme:

1/2 l Milch

120 g Zucker

Mark von 1 Vanilleschote · Salz

1 Päckchen Vanillepuddingpulver

6 Blatt Gelatine

750 g Sahne

1 Für den Hefeteig die Milch lauwarm erwärmen. Die Hefe mit den Fingern zerbröckeln und in der Milch auflösen. Die Hefemilch mit etwa 90 g Mehl zu einem glatten Teig verrühren und zugedeckt an einem warmen Ort 15 Minuten gehen lassen.

2 Den Vorteig mit dem restlichen Mehl, dem Zucker, dem Vanillezucker, dem Salz, dem Ei, dem Eigelb und der Zitronenschale verkneten. Die Butter nach und nach hinzufügen und einige Minuten weiterkneten, bis ein geschmeidiger Teig entstanden ist. Den Hefeteig in einer Schüssel mit Frischhaltefolie bedeckt an einem warmen Ort erneut etwa 30 Minuten gehen lassen.

3 Ein Backblech (45 x 30 cm) mit zerlassener Butter bestreichen. Den Teig nochmals kurz durchkneten, auf der bemehlten Arbeitsfläche dünn ausrollen und das Blech damit auslegen. Den Teig mit einer Gabel mehrmals einstechen und, falls möglich, im Tiefkühlschrank oder der Gefriertruhe, ansonsten im Kühlschrank etwa 20 Minuten durchkühlen lassen.

4 Für die Mandelmasse die Butter mit dem Zucker, dem Honig und dem Glukosesirup zum Kochen bringen. Mit der Sahne ablöschen und die Mandeln unterrühren. Alles nochmals aufkochen, in eine Schüssel geben und abkühlen lassen.

5 Die Mandelmasse auf dem angefrorenen Hefeteig verstreichen. Den Teig an einem warmen Ort nochmals etwa 15 Minuten gehen lassen. Dann den Backofen auf 200 °C vorheizen und den Hefeteig im Ofen auf der 2. Schiene von unten 20 bis 25 Minuten hellbraun backen.

6 Für die Vanillecreme 400 ml Milch mit Zucker, Vanillemark und 1 Prise Salz in einem Topf aufkochen. Das Puddingpulver mit der restlichen Milch glatt rühren, unter ständigem Rühren in die heiße Milch geben und aufkochen lassen. Den Vanillepudding in eine flache Form füllen, mit Frischhaltefolie bedecken und auskühlen lassen.

7 Die Gelatine in kaltem Wasser einweichen und ausdrücken, mit 2 EL Pudding in einem Topf erhitzen und auflösen. Mit dem restlichen Vanillepudding mischen. Die Sahne steif schlagen und unterheben. Den Bienenstich quer halbieren und mit der Creme füllen, die obere Mandelhälfte vorab in Stücke schneiden. Im Kühlschrank fest werden lassen und zum Servieren in Stücke schneiden.

Thüringer Schmandkuchen
mit Mohn und Aprikosen

Zutaten für 1 Backblech

Für den Hefeteig:

1/8 l Milch · 1/2 Würfel Hefe (21 g)

300 g Mehl · 50 g Zucker

2 Eigelb · 1 EL Mandellikör

Salz · 1 Msp. Vanillemark

1 Msp. abgeriebene unbehandelte
Zitronenschale

50 g weiche Butter

zerlassene Butter und Mehl
für das Blech

Mehl für die Arbeitsfläche

Für die Mohnmasse:

675 ml Milch · 150 g Zucker

90 g Butter · Salz

1/2 Vanilleschote

200 g gemahlener Mohn

50 g Hartweizengrieß

30 g Rosinen · 1 Ei

1 TL abgeriebene unbehandelte
Zitronenschale

Für die Schmandmasse:

1 Päckchen Vanillepuddingpulver

150 g Zucker · Salz

1,4 kg Schmand · 2 Eier

2 Eigelb

1 TL abgeriebene unbehandelte
Orangenschale

450 g Aprikosen (aus der Dose)

1 Für den Hefeteig die Milch lauwarm erwärmen. Die Hefe mit den Fingern zerbröckeln und in der Milch auflösen. Die Hefemilch mit Mehl, Zucker, Eigelben, Likör, 1 Prise Salz, Vanillemark und Zitronenschale verkneten. Die weiche Butter hinzufügen und einige Minuten weiterkneten, bis ein geschmeidiger Teig entstanden ist. Den Hefeteig in einer Schüssel mit Frischhaltefolie bedeckt an einem warmen Ort etwa 30 Minuten gehen lassen.

2 Ein Backblech mit zerlassener Butter bestreichen und mit Mehl bestäuben. Den Teig auf der bemehlten Arbeitsfläche dünn ausrollen und das Blech damit auslegen. Den Teig mit einer Gabel mehrmals einstechen und nochmals kurz gehen lassen.

3 Für die Mohnmasse die Milch in einem Topf mit dem Zucker, der Butter und 1 Prise Salz aufkochen. Die Vanilleschote längs aufschneiden und das Mark herauskratzen. Die Schote und das Mark zur Milch geben. Den Mohn und den Grieß unterrühren und die Mischung 3 bis 4 Minuten köcheln lassen, bis ein dicklicher Brei entstanden ist. Den Topf vom Herd nehmen und den Brei etwas abkühlen lassen. Die Rosinen, das Ei und die Zitronenschale untermischen, die Vanilleschote wieder entfernen.

4 Für die Schmandmasse das Puddingpulver mit dem Zucker und 1 Prise Salz in einer Schüssel mischen und mit dem Schmand, den Eiern und den Eigelben zu einer glatten Masse verrühren. Zuletzt die Orangenschale unterrühren. Die Aprikosen in ein Sieb abgießen und gut abtropfen lassen.

5 Den Backofen auf 175 °C vorheizen. Die Mohnmasse auf dem Hefeteig verteilen und glatt streichen, dann die Schmandmasse mit einer Schöpfkelle vorsichtig darauf verteilen. Die Aprikosenhälften mit der gewölbten Seite nach oben auf der Schmandmasse verteilen.

6 Den Schmandkuchen auf der mittleren Schiene etwa 50 Minuten goldbraun backen. Zum Servieren in Stücke schneiden.

Bremer Wickelkuchen
mit Haselnussfüllung

Zutaten für 1 Kastenform
Für den Hefeteig:
100 ml Milch
1/2 Würfel Hefe (21 g)
300 g Mehl
40 g Zucker
1 Ei · 1/2 TL Salz
1/2 TL abgeriebene unbehandelte Zitronenschale
60 g Butter

Für die Füllung:
50 g Marzipanrohmasse
50 g Apfelmus (aus dem Glas)
150 g grob gemahlene, geröstete Haselnüsse
40 g Zucker
1/2 TL Zimtpulver
1 EL Zitronensaft
je 1 TL abgeriebene unbehandelte Zitronen- und Orangenschale
Mark von 1/2 Vanilleschote
1 EL Rum
80 g Aprikosenkonfitüre

Außerdem:
Butter für die Form
Puderzucker zum Bestäuben

1 Für den Hefeteig die Milch in einem kleinen Topf lauwarm erwärmen und die Hefe darin auflösen. Das Mehl mit der Hefemilch, dem Zucker, dem Ei, dem Salz und der Zitronenschale langsam verkneten. Dann die Butter nach und nach dazugeben und alles zu einem glatten Teig verkneten. Zugedeckt an einem warmen Ort 1 bis 1 1/2 Stunden gehen lassen.

2 Für die Füllung die Marzipanrohmasse auf der Küchenreibe grob raspeln und mit dem Apfelmus glatt verkneten. Die Haselnüsse mit der Marzipan-Apfelmus-Masse, dem Zucker, dem Zimtpulver, dem Zitronensaft, der Zitronen- und Orangenschale, dem Vanillemark und dem Rum mischen.

3 Den Backofen auf 190 °C vorheizen. Eine Kastenform (30 cm Länge) mit Butter einfetten.

4 Den Teig zu einem 30 x 40 cm großen Rechteck ausrollen. Mit der Aprikosenkonfitüre bestreichen und die Füllung gleichmäßig darauf verteilen. Von der kürzeren Seite links und rechts zur Mitte hin aufrollen und mit der Öffnung nach oben in die Kastenform setzen. Den Teig zugedeckt nochmals 15 Minuten gehen lassen.

5 Den Wickelkuchen im Ofen auf der untersten Schiene etwa 35 Minuten goldbraun backen. Falls die Oberfläche zu schnell bräunt, die Form mit Backpapier abdecken. Den Wickelkuchen herausnehmen, abkühlen lassen, zum Servieren in Scheiben schneiden und mit Puderzucker bestäuben.

Schuhbecks Küchentipp

Damit der Hefeteig beim Backen schön aufgeht, ist es wichtig, dass die Milch, in der die Hefe aufgelöst wird, nur handwarm ist. Die Aprikosenkonfitüre lässt sich leichter auf dem Teig verstreichen, wenn man sie vorab glatt rührt. Das gelingt am besten, wenn man die Konfitüre in einem kleinen Topf bei milder Hitze erwärmt und dann mit dem Stabmixer püriert, falls sie zu stückig ist.

Schwarzwälder Kirschtörtchen
mit Marzipan und Rotwein

Zutaten für 6 Törtchen

Für den Schokoladenbiskuit:

80 g Zartbitterkuvertüre

20 g Kakaopulver

5 Eier

Salz · 110 g Zucker

110 g Marzipanrohmasse

Für die Kirschen:

500 g Sauerkirschen

(aus dem Glas)

1 TL Puderzucker

180 ml Rotwein

70 ml Portwein

1 geh. EL Speisestärke

3 EL Zucker

1 kleiner Splitter Zimtrinde

1 Gewürznelke

1 Streifen unbehandelte Orangenschale

1 TL Honig

Für die Kirschsahne:

500 g Sahne

50 g Puderzucker

2 Blatt Gelatine

50 ml Kirschwasser

1 Für den Schokoladenbiskuit den Backofen auf 190 °C vorheizen. Die Kuvertüre mit dem Kakaopulver in einem Topf bei milder Hitze schmelzen lassen, dabei nicht über 50 °C erhitzen. Die Eier trennen und die Eiweiße mit 1 Prise Salz zu einem cremigen Schnee schlagen, dabei den Zucker einrieseln lassen. Die Marzipanrohmasse auf der Küchenreibe grob raspeln und mit den Eigelben schaumig rühren.

2 Den Eischnee unter die Marzipan-Eigelb-Masse ziehen und die geschmolzene Schokolade vorsichtig unterrühren. Den Schokoladenbiskuitteig auf ein mit Backpapier ausgelegtes Blech streichen und im Ofen auf der mittleren Schiene etwa 20 Minuten backen.

3 Für die Kirschen die Sauerkirschen in ein Sieb abgießen, dabei den Saft auffangen. Von dem Kirschsaft 1/4 l abmessen. Den Puderzucker in einem Topf bei milder Hitze hell karamellisieren. Mit dem Rotwein und dem Portwein ablöschen und auf die Hälfte einköcheln lassen. Die Speisestärke mit etwas Kirschsaft glatt rühren. Den restlichen Kirschsaft, den Zucker und die Gewürze hinzufügen und einmal aufkochen lassen. Die glatt gerührte Speisestärke hineinrühren und alles weitere 2 Minuten köcheln lassen.

4 Die Mischung durch ein Sieb gießen, die Kirschen in den Sud geben und mit Honig abschmecken. Die Kirschen auf Zimmertemperatur abkühlen lassen (man kann sie etwa 3 Tage aufbewahren).

5 Für die Kirschsahne die Sahne mit dem Puderzucker cremig aufschlagen. Die Gelatine in kaltem Wasser einweichen.

6 In einem Topf das Kirschwasser erwärmen. Die Gelatine gut ausdrücken, darin auflösen und auskühlen lassen. Die geschlagene Sahne nach und nach vorsichtig unterrühren. Die Kirschsahne in einen Spritzbeutel mit kleiner Sterntülle füllen.

7 Aus dem Teig mit einem Ring (8 cm Durchmesser) 12 Kreise ausstechen. Je 1 Teigkreis als Boden in einen Ring legen. Einen 2 cm hohen Sahnering am inneren Rand aufspritzen. Die Mitte mit Kirschen auffüllen und einen zweiten Boden darauflegen. Nochmals einen Sahnering aufspritzen und mit Kirschen füllen. Die Törtchen mit Sahne, Kirschen und nach Belieben mit Schokoladenspänen garnieren. Bis zum Servieren kühl stellen.

Die Rezepte der Fernsehfolgen im Buch